MANUEL

DES

DÉBITANTS DE BOISSONS

ET DES

MARCHANDS EN GROS,

PAR

BAUDOUIN, **Receveur.**

PARIS

LIBRAIRIE CENTRALE DE NAPOLÉON CHAIX ET Cie,

Rue Bergère, 20, près le boulevart Montmartre.

1849.

MANUEL

DES

DÉBITANTS DE BOISSONS

ET DES

MARCHANDS EN GROS,

PAR

BAUDOUIN, Receveur.

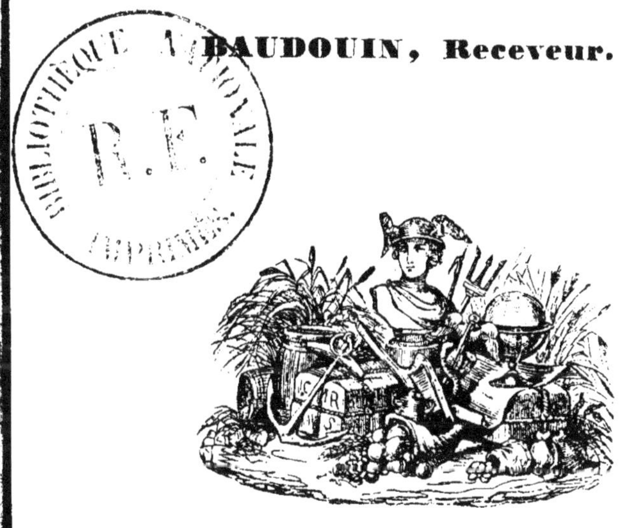

PARIS

IMPRIMERIE CENTRALE DES CHEMINS DE FER, DE NAPOLÉON CHAIX ET Cie,

Rue Bergère, 20, près le boulevart Montmartre.

—

1849.

PRÉFACE.

—

On est porté à redouter l'arbitraire dans la collection d'un impôt, parce que le plus souvent on ignore sur quelles bases il est fondé et d'après quelle formule on calcule les sommes qui sont dues par chaque imposé. S'il est une classe de contributions qui excite le plus la méfiance, c'est assurément celle des contributions indirectes; on s'est imaginé que les préposés suivent leur bon plaisir; qu'il n'y a aucune règle dans leur manière de taxer les débitants, et l'on a été jusqu'à considérer leur conduite comme vexatoire. L'auteur de ce Manuel a eu pour but d'abord de fournir un moyen rapide de vérification; il a ensuite pensé que la plupart du temps les débitants n'ont pas le loisir de calculer les sommes qu'on leur demande, et qu'il pourrait leur être utile en simplifiant un travail que beaucoup ne pourraient accomplir.

Ce petit traité se compose d'une suite de tableaux dont on peut juger par la table des matières qui suit cette préface. L'homme le moins versé dans la science du calcul peut, en un instant, et en quelque sorte par un simple coup d'œil, trouver la somme qu'il doit verser, soit qu'il s'agisse du droit d'entrée ou du droit de consommation. Aussi ce volume s'adresse-t-il à tous. Grâce à lui, les préposés des octrois simplifieront leurs calculs, et le consommateur, les débitants, les marchands en gros s'assureront qu'on ne les trompe pas.

MANUEL

DES DÉBITANTS DE BOISSONS

ET

DES MARCHANDS EN GROS

CONTENANT :

1° Un tableau du droit de licence à payer chaque trimestre par les débitants de boissons et les marchands en gros;

2° Un tableau des droits dus à l'entrée des villes de toutes classes, sur les diverses boissons que l'on y introduit;

3° Une division des départements du royaume en quatre classes, devant servir de développement aux tableaux nos 2 (*Débitants de boissons*) et 1er (*Marchands en gros*);

4° Un autre tableau des droits à payer à la régie des contributions indirectes, par les débitants, sur les quantités de vin, cidre, poiré et hydromel vendues en détail chez eux, ou manquantes à leur charge, depuis un litre jusqu'à 3,000 litres, et depuis le prix de 10 centimes jusqu'à 5 francs;

5° Un tableau indiquant les sommes à payer à la même administration sur les quantités d'alcool détaillées par les mêmes, depuis un litre jusqu'à 3,000 litres;

6° Une nomenclature de toutes les espèces de boissons soumises aux droits, suivie d'une notice sur les débitants abonnés et rédimés;

7° Un extrait de la loi du 28 avril 1816, en ce qui concerne les détaillants de boissons;

8° Un tableau indiquant la déduction allouée aux marchands en gros sur les quantités de boissons qui séjournent dans leurs magasins;

9° Un tableau du droit de consommation à payer par ces derniers sur les quantités de boissons reconnues manquantes à leurs charges, abstraction faite de la déduction qui leur est allouée;

10° Un tableau pour les mixtions;

11° Un tableau des corrections à faire subir au degré apparent indiqué par l'alcoomètre pour obtenir le degré réel des spiritueux à la température de 15 degrés centigrades;

12° Un tableau de conversion en alcool pur, des eaux-de-vie et esprits aux degrés dont le commerce fait usage, suivi d'un extrait de la loi précitée, concernant les marchands en gros.

PREMIER TABLEAU.

DROIT DE LICENCE DES DÉBITANTS DE BOISSONS ET DES MARCHANDS EN GROS.

DÉBITANTS DE BOISSONS DANS LES COMMUNES DE	DROIT EN PRINCIPAL et DÉCIME PAR TRIMESTRE	
4,000 âmes et au-dessous	1 F.	65 C.
4,000 à 6,000 âmes	2	20
6,000 à 10,000 id	2	75
10,000 à 15,000 id	3	30
15,000 à 20,000 id	3	85
20,000 à 30,000 id	4	40
30,000 à 50,000 id	4	95
50,000 âmes et au-dessus	5	50
NOTA. Paris est excepté.		
MARCHANDS EN GROS DE BOISSONS		
Dans tous les départements	13	75

DEUXIÈME TABLEAU.

DROIT EN PRINCIPAL ET DÉCIME PERÇUS AUX ENTRÉES DES VILLES.

QUANTITÉ DE LITRES.	DE 4,000 A 6,000 HABITANTS.						DE 6,000 A 10,000 HABITANTS.					
	Vin à 60 c. l'hecto-litre. — 1re clas.	Vin à 80 c. l'hecto-litre. — 2e clas.	Vin à 1 fr. l'hecto-litre. — 3e clas.	Vin à 1 f. 20 c. l'hect. — 4e clas	Cidre, Poiré et Hydro-mel à 50 c. l'hect.	Alcool et liqueur à 4 fr. l'hecto-litre.	Vin à 90 c. l'hecto-litre. — 1re clas.	Vin à 1 f. 20 c. l'hect. — 2e clas.	Vin à 1 f. 50 c. l'hect. — 3e clas.	Vin à 1 f. 80 c. l'hect. — 4e clas.	Cidre, Poiré et Hydro-mel à 75 c. l'hect.	Alcool et liqueur à 6 fr. l'hecto-litre.
1	2	3	4	5	6	7	8	9	10	11	12	13
	F. C.	F. C.	F. C.	F. C.	F. C.	F. C.	F. C.	F. C.	F. C.	F. C.	F. C.	F. C.
1	» 01	» 01	» 02	» 02	» 01	» 05	» 01	» 02	» 02	» 02	» 01	» 07
2	» 02	» 02	» 03	» 03	» 02	» 09	» 02	» 03	» 04	» 04	» 02	» 14
3	» 02	» 03	» 04	» 04	» 02	» 14	» 03	» 04	» 05	» 06	» 03	» 20
4	» 03	» 04	» 05	» 06	» 03	» 18	» 04	» 06	» 07	» 08	» 04	» 27
5	» 04	» 05	» 06	» 07	» 03	» 22	» 05	» 07	» 09	» 10	» 05	» 33
6	» 04	» 06	» 07	» 08	» 04	» 27	» 06	» 08	» 10	» 12	» 05	» 40
7	» 05	» 07	» 08	» 10	» 04	» 31	» 07	» 10	» 12	» 14	» 06	» 47
8	» 06	» 08	» 09	» 11	» 05	» 36	» 08	» 11	» 14	» 16	» 07	» 53
9	» 06	» 08	» 10	» 12	» 05	» 40	» 09	» 12	» 15	» 18	» 08	» 60
10	» 07	» 09	» 11	» 14	» 06	» 44	» 10	» 14	» 17	» 20	» 09	» 66
11	» 08	» 10	» 13	» 15	» 07	» 49	» 11	» 15	» 19	» 22	» 10	» 73
12	» 08	» 11	» 14	» 16	» 07	» 53	» 12	» 16	» 20	» 24	» 10	» 80
13	» 09	» 12	» 15	» 18	» 08	» 58	» 13	» 18	» 22	» 26	» 11	» 86
14	» 10	» 13	» 16	» 19	» 08	» 62	» 14	» 19	» 23	» 28	» 12	» 93
15	» 10	» 14	» 17	» 20	» 09	» 66	» 15	» 20	» 25	» 30	» 13	» 99
16	» 11	» 15	» 18	» 22	» 09	» 71	» 16	» 21	» 27	» 32	» 14	1 06
17	» 12	» 15	» 19	» 23	» 10	» 75	» 17	» 23	» 29	» 34	» 15	1 13
18	» 12	» 16	» 20	» 24	» 10	» 80	» 18	» 24	» 30	» 36	» 15	1 19
19	» 13	» 17	» 21	» 26	» 11	» 84	» 19	» 25	» 32	» 38	» 16	1 26
20	» 14	» 18	» 22	» 27	» 11	» 88	» 20	» 26	» 33	» 40	» 17	1 32
21	» 14	» 19	» 24	» 28	» 12	» 93	» 21	» 28	» 35	» 42	» 18	1 38
22	» 15	» 20	» 25	» 30	» 12	» 97	» 22	» 29	» 37	» 44	» 19	1 46
23	» 16	» 21	» 26	» 31	» 13	1 02	» 23	» 30	» 38	» 46	» 19	1 52
24	» 16	» 22	» 27	» 32	» 13	1 06	» 24	» 31	» 40	» 48	» 20	1 59
25	» 17	» 22	» 28	» 33	» 14	1 10	» 25	» 33	» 42	» 50	» 21	1 65
26	» 18	» 23	» 29	» 35	» 15	1 15	» 26	» 34	» 43	» 52	» 22	1 72
27	» 18	» 24	» 30	» 36	» 15	1 19	» 27	» 36	» 45	» 54	» 23	1 79
28	» 19	» 25	» 31	» 37	» 16	1 24	» 28	» 37	» 47	» 30	» 24	1 85
29	» 20	» 26	» 32	» 39	» 16	1 28	» 29	» 39	» 48	» 58	» 24	1 92
(E)30	» 20	» 27	» 33	» 41	» 17	1 32	» 30	» 40	(F) 50	» 60	» 25	1 98
31	» 21	» 28	» 35	» 42	» 18	1 37	» 31	» 41	» 52	» 62	» 26	2 05
32	» 22	» 29	» 36	» 43	» 18	1 41	» 32	» 43	» 53	» 64	» 27	2 12
33	» 22	» 30	» 37	» 44	» 19	1 46	» 33	» 44	» 55	» 66	» 28	2 18
34	» 23	» 30	» 38	» 45	» 19	1 50	» 34	» 45	» 57	» 68	» 29	2 25

Suite du deuxième Tableau.

DROITS EN PRINCIPAL ET DÉCIME PERÇUS AUX ENTRÉES DES VILLES.

QUANTITÉ DE LITRES.	DE 4,000 A 6,000 HABITANTS.						DE 6,000 A 10,000 HABITANTS.					
	Vin à 60 c. l'hectolitre. — 1re clas.	Vin à 80 c. l'hectolitre. — 2e clas.	Vin à 1 fr. l'hectolitre. — 3e clas.	Vin à 1 f. 20 c. l'hect. — 4e clas.	Cidre, Poiré et Hydromel à 50 c. l'hect.	Alcool et liqueur à 4 fr. l'hectolitre.	Vin à 90 c. l'hectolitre. — 1re clas.	Vin à 1 f. 20 c. l'hect. — 2e clas.	Vin à 1 f. 50 c. l'hect. — 3e clas.	Vin à 1 f. 80 c. l'hect. — 4e clas.	Cidre, Poiré et Hydromel à 75 c. l'hect.	Alcool et liqueur à 6 fr. l'hectolitre.
1	2	3	4	5	6	7	8	9	10	11	12	13
	F. C.	F. C.	F. C.	F. C.	F. C.	F. C.	F. C.	F. C.	F. C.	F. C.	F. C.	F. C.
35	» 24	» 31	» 39	» 47	» 20	1 54	» 35	» 47	» 58	» 70	» 29	2 31
36	» 24	» 32	» 40	» 48	» 20	1 59	» 36	» 48	» 60	» 72	» 30	2 38
37	» 25	» 33	» 41	» 49	» 21	1 63	» 37	» 49	» 62	» 74	» 31	2 45
38	» 26	» 34	» 42	» 51	» 21	1 68	» 38	» 51	» 63	» 76	» 32	2 51
39	» 26	» 35	» 43	» 52	» 22	1 72	» 39	» 52	» 65	» 78	» 33	2 58
40	» 27	» 36	» 44	» 53	» 22	1 77	» 40	» 53	» 66	» 80	» 33	2 64
41	» 28	» 36	» 46	» 55	» 23	1 81	» 41	» 55	» 68	» 82	» 34	2 71
42	» 28	» 37	» 47	» 56	» 24	1 85	» 42	» 56	» 70	» 84	» 35	2 78
43	» 29	» 38	» 48	» 57	» 24	1 90	» 43	» 57	» 71	» 86	» 36	2 84
44	» 30	» 39	» 49	» 59	» 25	1 94	» 44	» 59	» 73	» 88	» 37	2 91
45	» 30	» 40	» 50	» 60	» 25	1 98	» 45	» 60	» 75	» 90	» 38	2 97
46	» 31	» 41	» 51	» 61	» 26	2 03	» 46	» 61	» 76	» 92	» 38	3 03
47	» 32	» 42	» 52	» 63	» 26	2 07	» 47	» 63	» 78	» 94	» 39	3 11
48	» 32	» 43	» 53	» 64	» 27	2 12	» 48	» 64	» 80	» 96	» 40	3 17
49	» 33	» 44	» 54	» 65	» 27	2 16	» 49	» 65	» 81	» 98	» 41	3 24
50	» 34	» 44	» 55	» 66	» 28	2 21	» 50	» 66	» 83	» 99	» 42	3 30
51	» 34	» 45	» 57	» 68	» 28	2 25	» 51	» 68	» 85	1 01	» 43	3 37
52	» 35	» 46	» 58	» 69	» 29	2 29	» 52	» 69	» 86	1 03	» 43	3 44
53	» 36	» 47	» 59	» 70	» 30	2 34	» 53	» 70	» 88	1 05	» 44	3 50
54	» 36	» 48	» 60	» 72	» 30	2 38	» 54	» 72	» 90	1 07	» 45	3 57
55	» 37	» 49	» 61	» 73	» 31	2 42	» 55	» 73	» 91	1 09	» 46	3 63
56	» 38	» 50	» 62	» 74	» 32	2 47	» 56	» 74	» 93	1 11	» 47	3 70
57	» 38	» 51	» 63	» 76	» 32	2 51	» 57	» 76	» 95	1 13	» 48	3 77
58	» 39	» 52	» 64	» 77	» 32	2 56	» 58	» 77	» 96	1 15	» 48	3 83
59	» 40	» 52	» 65	» 78	» 33	2 60	» 59	» 78	» 98	1 17	» 49	3 90
60	» 40	» 53	» 66	» 80	» 33	2 64	» 60	» 80	» 99	1 19	» 50	3 96
61	» 41	» 54	» 68	» 81	» 34	2 69	» 61	» 81	1 01	1 21	» 51	4 03
62	» 42	» 55	» 69	» 82	» 35	2 73	» 62	» 82	1 03	1 23	» 52	4 10
63	» 42	» 56	» 70	» 84	» 35	2 78	» 63	» 84	1 05	1 25	» 52	4 16
64	» 43	» 57	» 71	» 85	» 36	2 82	» 64	» 85	1 06	1 27	» 53	4 23
65	» 44	» 58	» 72	» 86	» 36	2 86	» 65	» 86	1 08	1 29	» 54	4 29
66	» 44	» 59	» 73	» 88	» 37	2 91	» 66	» 88	1 10	1 31	» 55	4 36
67	» 45	» 59	» 74	» 89	» 38	2 95	» 67	» 89	1 11	1 33	» 56	4 43
68	» 45	» 60	» 75	» 90	» 38	3 »	» 68	» 90	1 13	1 35	» 57	4 49

Suite du deuxième Tableau.

DROITS EN PRINCIPAL ET DÉCIME PERÇUS AUX ENTRÉES DES VILLES.

QUANTITÉ DE LITRES.	DE 4,000 A 6,000 HABITANTS.						DE 6,000 A 10,000 HABITANTS. (B)					
	Vin à 60 c. l'hectolitre. — 1re clas.	Vin à 80 c. l'hectolitre. — 2e clas	Vin à 1 fr. l'hectolitre. — 3e clas.	Vin à 1 f. 20 c. l'hect. — 4e clas.	Cidre, Poiré et Hydromel à 50 c. l'hect.	Alcool et liqueur à 4 fr. l'hectolitre.	Vin à 90 c. l'hectolitre. — 1re clas.	Vin à 1 f. 20 c. l'hect. — 2e clas.	Vin à 1 f. 50 c. l'hect. — 3e clas.	Vin à 1 f. 80 c. l'hect. — 4e clas.	Cidre, Poiré et Hydromel à 75 c. l'hect.	Alcool et liqueur à 6 fr. l'hectolitre.
1	2	3	4	5	6	7	8	9	10 (C)	11	12	13
	F. C.	F. C.	F. C.	F. C.	F. C.	F. C.	F. C.	F. C.	F. C.	F. C.	F. C.	F. C.
69	» 46	» 61	» 76	» 92	» 38	3 04	» 69	» 92	1 15	1 37	» 57	4 56
70	» 47	» 62	» 77	» 93	» 39	3 08	» 70	» 93	1 16	1 39	» 58	4 62
71	» 47	» 63	» 79	» 94	» 40	3 13	» 71	» 94	1 18	1 41	» 59	4 69
72	» 48	» 64	» 80	» 96	» 40	3 17	» 72	» 96	1 20	1 43	» 60	4 76
73	» 49	» 65	» 81	» 97	» 41	3 22	» 73	» 97	1 21	1 45	» 61	4 82
74	» 49	» 66	» 82	» 98	» 41	3 26	» 74	» 98	1 23	1 47	» 62	4 89
75	» 50	» 66	» 83	» 99	» 42	3 30	» 75	» 99	1 25	1 49	» 62	4 95
76	» 51	» 67	» 84	1 01	» 42	3 35	» 76	1 01	1 26	1 51	» 63	5 02
77	» 51	» 68	» 85	1 02	» 43	3 39	» 77	1 02	1 28	1 53	» 64	5 09
78	» 52	» 69	» 86	1 03	» 43	3 44	» 78	1 03	1 30	1 54	» 65	5 15
79	» 53	» 70	» 87	1 05	» 44	3 48	» 79	1 05	1 31	1 56	» 66	5 22
80	» 53	» 71	» 88	1 06	» 44	3 52	» 80	1 06	1 33	1 58	» 66	5 28
81	» 54	» 72	» 90	1 07	» 45	3 57	» 81	1 07	1 35	1 60	» 67	5 35
82	» 55	» 73	» 91	1 09	» 45	3 61	» 82	1 09	1 36	1 62	» 68	5 42
83	» 55	» 73	» 92	1 10	» 46	3 66	» 83	1 10	1 38	1 64	» 69	5 48
84	» 56	» 74	» 93	1 11	» 47	3 70	» 84	1 11	1 40	1 66	» 70	5 55
85	» 57	» 75	» 94	1 13	» 47	3 74	» 85	1 13	1 41	1 68	» 71	5 61
86	» 57	» 76	» 95	1 14	» 48	3 79	» 86	1 14	1 43	1 70	» 71	5 68
87	» 58	» 77	» 96	1 15	» 48	3 83	» 87	1 15	1 45	1 72	» 72	5 75
88	» 59	» 78	» 97	1 17	» 49	3 88	» 88	1 17	1 46	1 74	» 73	5 81
89	» 59	» 79	» 98	1 18	» 49	3 92	» 89	1 18	1 48	1 76	» 74	5 88
90	» 60	» 80	» 99	1 19	» 50	3 96	» 90	1 19	1 50	1 78	» 75	5 94
91	» 61	» 81	1 01	1 21	» 51	4 01	» 91	1 21	1 51	1 80	» 76	6 01
92	» 61	» 81	1 02	1 22	» 51	4 05	» 92	1 22	1 53	1 82	» 76	6 08
93	» 62	» 82	1 03	1 23	» 52	4 10	» 93	1 23	1 55	1 84	» 77	6 14
94	» 63	» 83	1 04	1 25	» 52	4 14	» 94	1 25	1 56	1 86	» 78	6 21
95	» 63	» 84	1 05	1 26	» 53	4 18	» 95	1 26	1 57	1 88	» 79	6 27
96	» 64	» 85	1 06	1 27	» 53	4 23	» 96	1 27	1 59	1 90	» 80	6 34
97	» 65	» 86	1 07	1 29	» 54	4 27	» 97	1 29	1 61	1 92	» 81	6 41
98	» 65	» 87	1 08	1 30	» 54	4 32	» 98	1 30	1 63	1 94	» 81	6 47
99	» 66	» 88	1 09	1 31	» 55	4 36	» 99	1 31	1 64	1 96	» 82	6 54
100	» 66	» 88	1 10	1 32	» 55	4 40	» 99	1 32	1 65 (D)	1 98	» 83	6 60

Suite du deuxième Tableau.

DROITS EN PRINCIPAL ET DÉCIME PERÇUS AUX ENTRÉES DES VILLES.

QUANTITÉ DE LITRES.	DE 10,000 A 15,000 HABITANTS.						DE 15,000 A 20,000 HABITANTS.					
	Vin à 1 f. 20 c. l'hect. — 1re clas.	Vin à 1 f. 60 c. l'hect. — 2e clas.	Vin à 2 fr. l'hectolitre. — 3e clas.	Vin à 2 f. 40 c. l'hect. — 4e clas.	Cidre, Poire et Hydromel à 1 fr. l'hect	Alcool et liqueur à 8 fr. l'hectolitre.	Vin à 1 f. 50 c. l'hect. — 1re clas.	Vin à 2 fr. l'hect. — 2e clas.	Vin à 2 f. 50 c. l'hect. — 3e clas.	Vin à 3 fr. l'hect. — 4e clas.	Cidre, Poire et Hydromel à 1 f. 25 c. l'hect.	Alcool et liqueur à 10 fr. l'hectolitre.
1	2	3	4	5	6	7	8	9	10	11	12	13
	F. C.	F. C.	F. C.	F. C.	F. C.	F. C.	F. C.	F. C.	F. C.	F. C.	F. C.	F. C.
1	» 02	» 02	» 03	» 03	» 02	» 09	» 02	» 03	» 03	» 04	» 02	» 11
2	» 03	» 04	» 05	» 06	» 03	» 18	» 04	» 05	» 06	» 07	» 03	» 22
3	» 04	» 06	» 07	» 08	» 04	» 27	» 05	» 07	» 09	» 10	» 05	» 33
4	» 06	» 08	» 09	» 11	» 05	» 36	» 07	» 09	» 11	» 14	» 06	» 44
5	» 07	» 09	» 11	» 14	» 06	» 44	» 09	» 11	» 14	» 17	» 07	» 55
6	» 08	» 11	» 14	» 16	» 07	» 53	» 10	» 14	» 17	» 20	» 09	» 66
7	» 10	» 13	» 16	» 19	» 08	» 62	» 12	» 16	» 20	» 24	» 10	» 77
8	» 11	» 15	» 18	» 22	» 09	» 71	» 14	» 18	» 22	» 27	» 11	» 88
9	» 12	» 16	» 20	» 24	» 10	» 80	» 15	» 20	» 25	» 30	» 13	» 99
10	» 14	» 18	» 22	» 27	» 11	» 88	» 17	» 22	» 28	» 33	» 14	1 10
11	» 15	» 20	» 25	» 30	» 13	» 97	» 19	» 25	» 31	» 37	» 16	1 21
12	» 16	» 22	» 27	» 32	» 14	1 06	» 20	» 27	» 33	» 40	» 17	1 32
13	» 18	» 23	» 29	» 35	» 15	1 15	» 22	» 29	» 36	» 43	» 18	1 43
14	» 19	» 25	» 31	» 37	» 16	1 24	» 23	» 31	» 39	» 46	» 20	1 54
15	» 20	» 27	» 33	» 39	» 17	1 32	» 25	» 33	» 42	» 50	» 21	1 65
16	» 22	» 29	» 36	» 43	» 18	1 41	» 27	» 36	» 44	» 53	» 22	1 76
17	» 23	» 30	» 38	» 45	» 19	1 50	» 29	» 38	» 47	» 56	» 24	1 87
18	» 24	» 32	» 40	» 48	» 20	1 59	» 30	» 40	» 50	» 59	» 25	1 98
19	» 26	» 34	» 42	» 51	» 21	1 68	» 32	» 42	» 53	» 63	» 26	2 09
20	» 27	» 36	» 44	» 53	» 22	1 76	» 33	» 44	» 55	» 66	» 28	2 20
21	» 28	» 37	» 47	» 56	» 24	1 85	» 35	» 47	» 58	» 69	» 29	2 31
22	» 30	» 39	» 49	» 59	» 25	1 94	» 37	» 49	» 61	» 72	» 31	2 42
23	» 31	» 41	» 51	» 61	» 26	2 03	» 38	» 51	» 64	» 76	» 32	2 53
24	» 32	» 43	» 53	» 64	» 27	2 12	» 40	» 53	» 66	» 80	» 33	2 64
25	» 33	» 44	» 55	» 66	» 28	2 20	» 42	» 55	» 69	» 83	» 35	2 75
26	» 35	» 46	» 58	» 69	» 29	2 29	» 43	» 58	» 72	» 86	» 36	2 86
27	» 36	» 48	» 60	» 72	» 30	2 38	» 45	» 60	» 75	» 90	» 37	2 97
28	» 37	» 50	» 62	» 74	» 31	2 47	» 47	» 62	» 77	» 93	» 39	3 08
29	» 39	» 52	» 64	» 77	» 32	2 56	» 48	» 64	» 80	» 96	» 40	3 19
30	» 41	» 53	» 66	» 80	» 33	2 64	» 50	» 66	» 83	» 99	» 41	3 30
31	» 42	» 55	» 69	» 82	» 35	2 73	» 52	» 69	» 86	1 03	» 43	3 41
32	» 43	» 57	» 71	» 85	» 36	2 82	» 53	» 71	» 88	1 06	» 44	3 52
33	» 44	» 59	» 73	» 88	» 37	2 91	» 55	» 73	» 91	1 09	» 47	3 63
34	» 45	» 60	» 75	» 90	» 38	3 »	» 57	» 75	» 94	1 13	» 47	3 74

Suite du deuxième Tableau.

DROITS EN PRINCIPAL ET DÉCIME PERÇUS AUX ENTRÉES DES VILLES.

QUANTITÉ DE LITRES.	DE 10,000 A 15,000 HABITANTS.						DE 15,000 A 20,000 HABITANTS.					
	Vin à 1 f. 20 c. l'hect. — 1re clas.	Vin à 1 f. 60 c. l'hect. — 2e clas.	Vin à 2 fr. l'hecto-litre. — 3e clas.	Vin à 2 f 40 c. l'hect. — 4e clas.	Cidre, Poiré et Hydro-mel à 1 fr. l'hect.	Alcool et liqueur à 8 fr. l'hecto-litre.	Vin à 1 f. 50 c. l'hect. — 1re clas.	Vin à 2 fr. l'hect. — 2e clas.	Vin à 2 f 50 c. l'hect. — 3e clas.	Vin à 3 fr. l'hect. — 4e clas.	Cidre, Poiré et Hydro-mel à 1 f. 25 c. l'hect.	Alcool et liqueur à 10 fr. l'hecto-litre.
1	2	3	4	5	6	7	8	9	10	11	12	13
	F. C.	F. C.	F. C.	F. C.	F. C.	F. C.	F. C.	F. C.	F. C.	F. C.	F. C.	F. C.
35	» 47	» 62	» 77	» 92	» 39	3 08	» 58	» 77	» 97	1 16	» 48	3 85
36	» 48	» 64	» 80	» 96	» 40	3 17	» 60	» 80	» 99	1 19	» 50	3 96
37	» 49	» 65	» 82	» 98	» 41	3 26	» 62	» 82	1 02	1 23	» 51	4 07
38	» 51	» 67	» 83	1 01	» 42	3 35	» 63	» 83	1 05	1 26	» 53	4 18
39	» 52	» 69	» 86	1 03	» 43	3 44	» 65	» 86	1 08	1 29	» 54	4 29
40	» 53	» 71	» 88	1 06	» 44	3 52	» 66	» 88	1 10	1 32	» 55	4 40
41	» 55	» 72	» 91	1 09	» 46	3 61	» 68	» 91	1 13	1 36	» 57	4 51
42	» 56	» 74	» 93	1 11	» 47	3 70	» 70	» 93	1 16	1 39	» 58	4 62
43	» 57	» 76	» 95	1 14	» 48	3 79	» 71	» 95	1 19	1 42	» 60	4 73
44	» 59	» 78	» 97	1 17	» 49	3 88	» 73	» 97	1 21	1 45	» 61	4 84
45	» 60	» 80	» 99	1 19	» 50	3 96	» 75	» 99	1 24	1 49	» 62	4 95
46	» 61	» 81	1 02	1 22	» 51	4 05	» 76	1 02	1 27	1 52	» 64	5 06
47	» 63	» 83	1 04	1 25	» 52	4 14	» 78	1 04	1 30	1 55	» 65	5 17
48	» 64	» 85	1 06	1 27	» 53	4 23	» 80	1 06	1 32	1 58	» 66	5 28
49	» 65	» 87	1 08	1 30	» 54	4 32	» 81	1 08	1 35	1 62	» 68	5 39
50	» 66	» 88	1 10	1 32	» 55	4 40	» 83	1 10	1 38	1 65	» 69	5 50
51	» 68	» 90	1 13	1 35	» 57	4 50	» 85	1 13	1 41	1 68	» 71	5 61
52	» 69	» 92	1 15	1 37	» 58	4 58	» 86	1 15	1 43	1 71	» 72	5 72
53	» 70	» 94	1 17	1 40	» 59	4 67	» 88	1 17	1 46	1 75	» 73	5 83
54	» 72	» 96	1 19	1 43	» 60	4 76	» 90	1 19	1 49	1 79	» 75	5 94
55	» 73	» 97	1 21	1 46	» 61	4 84	» 91	1 21	1 52	1 82	» 76	6 05
56	» 74	» 99	1 24	1 48	» 62	4 93	» 93	1 24	1 54	1 85	» 77	6 16
57	» 76	1 01	1 26	1 51	» 63	5 02	» 95	1 26	1 57	1 88	» 79	6 27
58	» 77	1 03	1 28	1 54	» 64	5 11	» 96	1 28	1 60	1 92	» 80	6 38
59	» 78	1 04	1 30	1 56	» 65	5 20	» 98	1 30	1 63	1 95	» 82	6 49
60	» 80	1 06	1 32	1 59	» 66	5 28	» 99	1 32	1 65	1 98	» 83	6 60
61	» 81	1 08	1 35	1 62	» 68	5 37	1 01	1 35	1 68	2 02	» 84	6 71
62	» 82	1 10	1 37	1 64	» 69	5 46	1 03	1 37	1 71	2 05	» 86	6 82
63	» 84	1 11	1 39	1 67	» 70	5 55	1 05	1 39	1 74	2 08	» 87	6 93
64	» 85	1 13	1 41	1 70	» 71	5 64	1 06	1 41	1 76	2 11	» 80	7 04
65	» 86	1 15	1 43	1 72	» 72	5 72	1 08	1 43	1 79	2 15	» 90	7 15
66	» 88	1 17	1 46	1 75	» 73	5 81	1 10	1 46	1 82	2 18	» 91	7 26
67	» 89	1 18	1 48	1 78	» 74	5 90	1 11	1 48	1 85	2 21	» 92	7 37
68	» 90	1 20	1 50	1 80	» 75	5 99	1 13	1 50	1 87	2 25	» 94	7 48

Suite du deuxième Tableau.

DROITS EN PRINCIPAL ET DÉCIME PERÇUS AUX ENTRÉES DES VILLES.

QUANTITÉ DE LITRES.	DE 10,000 A 15,000 HABITANTS.						DE 15,000 A 20,000 HABITANTS.					
	Vin à 1 f. 20 c. l'hect. — 1re clas.	Vin à 1 f. 60 c. l'hect. — 2e clas.	Vin à 2 fr. l'hectolitre — 3e clas.	Vin à 2 f. 40 c. l'hect. — 4e clas.	Cidre, Poiré et Hydromel à 1 fr. l'hect.	Alcool et liqueur à 8 fr. l'hectolitre.	Vin à 1 f. 50 c. l'hect. — 1re clas.	Vin à 2 fr. l'hect. — 2e clas.	Vin à 2 f. 50 c. l'hect. — 3e clas.	Vin à 3 fr. l'hect. — 4e clas.	Cidre, Poiré et Hydromel 1 f. 25 c l'hect.	Alcool et liqueur à 10 fr. l'hectolitre.
1	2	3	4	5	6	7	8	9	10	11	12	13
	F. C.	F. C.	F. C.	F. C.	F. C.	F. C.	F. C.	F. C.	F. C.	F. C.	F. C.	F. C.
69	» 92	1 22	1 52	1 83	» 76	6 08	1 15	1 52	1 90	2 28	» 95	7 59
70	» 93	1 24	1 54	1 86	» 77	6 16	1 16	1 54	1 93	2 31	» 96	7 70
71	» 94	1 25	1 57	1 88	» 79	6 25	1 18	1 57	1 96	2 35	» 98	7 81
72	» 96	1 27	1 59	1 91	» 80	6 34	1 20	1 59	1 98	2 38	» 99	7 92
73	» 97	1 29	1 61	1 94	» 81	6 43	1 21	1 61	2 01	2 41	1 01	8 03
74	» 98	1 31	1 63	1 96	» 82	6 52	1 23	1 63	2 04	2 45	1 02	8 14
75	» 99	1 32	1 65	1 99	» 83	6 60	1 25	1 65	2 07	2 48	1 04	8 25
76	1 01	1 34	1 68	2 01	» 84	6 69	1 26	1 68	2 09	2 51	1 05	8 36
77	1 02	1 36	1 70	2 04	» 85	6 78	1 28	1 70	2 12	2 55	1 06	8 47
78	1 03	1 38	1 72	2 07	» 86	6 87	1 30	1 72	2 15	2 58	1 08	8 58
79	1 05	1 39	1 74	2 09	» 87	7 96	1 31	1 74	2 18	2 61	1 09	8 69
80	1 06	1 41	1 76	2 11	» 88	7 04	1 33	1 76	2 20	2 64	1 10	8 80
81	1 07	1 43	1 79	2 14	» 90	7 13	1 35	1 79	2 23	2 68	1 12	8 91
82	1 09	1 46	1 81	2 17	» 91	7 22	1 36	1 81	2 26	2 70	1 13	9 02
83	1 10	1 47	1 83	2 19	» 92	7 31	1 38	1 83	2 29	2 74	1 15	9 13
84	1 11	1 48	1 85	2 22	» 93	7 40	1 40	1 85	2 31	2 78	1 16	9 24
85	1 13	1 50	1 87	2 25	» 94	7 48	1 41	1 87	2 34	2 81	1 17	9 35
86	1 14	1 52	1 90	2 28	» 95	7 57	1 43	1 90	2 37	2 84	1 19	9 46
87	1 15	1 54	1 92	2 30	» 96	7 66	1 45	1 92	2 40	2 88	1 20	9 57
88	1 17	1 55	1 94	2 33	» 97	7 75	1 46	1 94	2 42	2 91	1 21	9 68
89	1 19	1 57	1 96	2 36	» 98	7 84	1 48	1 96	2 45	2 94	1 23	9 79
90	1 19	1 59	1 98	2 38	» 99	7 92	1 50	1 98	2 48	2 97	1 24	9 90
91	1 21	1 61	2 01	2 41	1 01	8 01	1 51	2 01	2 51	3 01	1 26	10 01
92	1 22	1 62	2 03	2 44	1 02	8 10	1 53	2 03	2 53	3 04	1 27	10 12
93	1 23	1 64	2 05	2 46	1 03	8 19	1 55	2 05	2 56	3 07	1 28	10 23
94	1 25	1 66	2 07	2 49	1 04	8 28	1 56	2 07	2 59	3 11	1 30	10 34
95	1 26	1 68	2 09	2 52	1 05	8 36	1 57	2 09	2 62	3 14	1 31	10 45
96	1 27	1 69	2 12	2 54	1 06	8 45	1 59	2 12	2 64	3 17	1 32	10 56
97	1 29	1 71	2 14	2 57	1 07	8 54	1 61	2 14	2 67	3 21	1 34	10 67
98	1 30	1 73	2 16	2 60	1 08	8 63	1 63	2 16	2 70	3 24	1 35	10 78
99	1 31	1 75	2 18	2 62	1 09	8 72	1 64	2 18	2 73	3 27	1 37	10 89
100	1 32	1 76	2 20	2 64	1 10	8 80	1 65	2 20	2 75	3 30	1 38	11 »

Suite du deuxième Tableau.

DROITS EN PRINCIPAL ET DÉCIME PERÇUS AUX ENTRÉES DES VILLES.

QUANTITÉ DE LITRES.	DE 20,000 A 30,000 HABITANTS.						DE 30,000 A 50,000 HABITANTS.					
	Vin à 1 f. 80 c. l'hect. — 1re clas.	Vin à 2 f. 40 c. l'hect. — 2e clas.	Vin à 3 fr. l'hectolitre. — 3e clas.	Vin à 3 f. 60 c. l'hect. — 4e clas	Cidre, Poiré et Hydromel à 1 f. 50 c. l'hect	Alcool et liqueur à 12 fr. l'hectolitre.	Vin à 2 f. 10 c. l'hect. — 1re clas.	Vin à 2 f. 80 c. l'hect. — 2e clas.	Vin à 3 f. 50 c. l'hect. — 3e clas.	Vin à 4 f. 20 c. l'hect. — 4e clas.	Cidre, Poiré et Hydromel à 1 f. 75 c. l'hect.	Alcool et liqueur à 14 fr. l'hectolitre.
1	2	3	4	5	6	7	8	9	10	11	12	13
	F. C.	F. C.	F. C.	F. C.	F. C.	F. C.	F. C.	F. C.	F. C.	F. C.	F. C.	F. C.
1	» 02	» 03	» 04	» 04	» 02	» 14	» 03	» 03	» 04	» 05	» 02	» 16
2	» 04	» 06	» 07	» 08	» 04	» 27	» 05	» 07	» 08	» 10	» 04	» 31
3	» 06	» 08	» 10	» 12	» 05	» 40	» 07	» 10	» 12	» 14	» 06	» 47
4	» 08	» 11	» 14	» 16	» 07	» 53	» 10	» 13	» 16	» 19	» 08	» 62
5	» 10	» 14	» 17	» 20	» 09	» 66	» 12	» 16	» 20	» 24	» 10	» 77
6	» 12	» 16	» 20	» 24	» 10	» 79	» 14	» 19	» 24	» 28	» 12	» 93
7	» 14	» 19	» 24	» 28	» 12	» 92	» 17	» 22	» 27	» 33	» 14	1 08
8	» 16	» 22	» 27	» 32	» 14	1 06	» 19	» 25	» 31	» 38	» 16	1 24
9	» 18	» 24	» 30	» 36	» 15	1 19	» 21	» 28	» 35	» 42	» 18	1 39
10	» 20	» 27	» 33	» 40	» 17	1 32	» 24	» 31	» 39	» 47	» 20	1 54
11	» 22	» 30	» 37	» 44	» 19	1 45	» 26	» 34	» 43	» 52	» 22	1 70
12	» 24	» 32	» 40	» 48	» 20	1 58	» 28	» 37	» 47	» 56	» 24	1 85
13	» 26	» 35	» 43	» 52	» 22	1 72	» 31	» 41	» 51	» 61	» 26	2 01
14	» 28	» 37	» 46	» 56	» 23	1 85	» 33	» 44	» 54	» 66	» 27	2 16
15	» 30	» 39	» 50	» 61	» 25	1 98	» 35	» 47	» 58	» 70	» 29	2 31
16	» 32	» 43	» 53	» 64	» 27	2 12	» 38	» 50	» 62	» 75	» 31	2 47
17	» 34	» 45	» 56	» 68	» 29	2 25	» 40	» 53	» 66	» 80	» 33	2 62
18	» 36	» 48	» 59	» 72	» 30	2 38	» 42	» 56	» 70	» 84	» 35	2 78
19	» 38	» 51	» 63	» 76	» 32	2 51	» 44	» 59	» 74	» 89	» 37	2 93
20	» 40	» 53	» 66	» 80	» 33	2 64	» 47	» 62	» 78	» 94	» 39	3 08
21	» 42	» 56	» 69	» 84	» 35	2 77	» 49	» 65	» 81	» 98	» 41	3 24
22	» 44	» 59	» 72	» 88	» 37	2 91	» 51	» 68	» 85	1 02	» 43	3 39
23	» 46	» 61	» 76	» 92	» 38	3 04	» 54	» 71	» 89	1 07	» 45	3 55
24	» 48	» 64	» 80	» 96	» 40	3 17	» 56	» 74	» 93	1 11	» 47	3 70
25	» 50	» 66	» 83	» 99	» 42	3 30	» 58	» 77	» 97	1 16	» 49	3 85
26	» 52	» 69	» 86	1 03	» 43	3 43	» 61	» 81	1 01	1 21	» 51	4 01
27	» 54	» 72	» 90	1 07	» 45	3 56	» 63	» 84	1 04	1 25	» 52	4 16
28	» 56	» 74	» 93	1 11	» 47	3 70	» 65	» 87	1 08	1 30	» 54	4 31
29	» 58	» 77	» 96	1 15	» 48	3 83	» 67	» 90	1 12	1 35	» 56	4 47
30	» 60	» 80	» 99	1 19	» 50	3 96	» 70	» 93	1 16	1 39	» 58	4 62
31	» 62	» 82	1 03	1 23	» 52	4 10	» 72	» 96	1 20	1 44	» 60	4 78
32	» 64	» 85	1 06	1 27	» 53	4 23	» 74	» 99	1 24	1 49	» 62	4 93
33	» 66	» 88	1 09	1 31	» 55	4 36	» 77	1 02	1 28	1 53	» 64	5 09
34	» 68	» 90	1 13	1 35	» 57	4 49	» 79	1 05	1 31	1 58	» 66	5 24

Suite du deuxième Tableau.

DROITS EN PRINCIPAL ET DÉCIME PERÇUS AUX ENTRÉES DES VILLES.

QUANTITÉ DE LITRES.	DE 20,000 A 30,000 HABITANTS.						DE 30,000 A 50,000 HABITANTS.					
	Vin à 1 f. 80 c. l'hect. — 1re clas. 2	Vin à 2 f. 40 c. l'hect. — 2e clas. 3	Vin à 3 fr. l'hectolitre. — 3e clas. 4	Vin à 3 f. 60 c. l'hect. — 4e clas. 5	Cidre, Poiré et Hydromel à 1 f. 50 c. l'hect. 6	Alcool et liqueur à 12 fr. l'hectolitre. 7	Vin à 2 f. 10 c. l'hect. — 1re clas. 8	Vin à 2 f. 80 c. l'hect. — 2e clas. 9	Vin à 3 f. 50 c. l'hect. — 3e clas. 10	Vin à 4 f. 20 c. l'hect. — 4e clas. 11	Cidre, Poiré et Hydromel à 1 f. 75 c. l'hect. 12	Alcool et liqueurs à 14 f. l'hectolitre. 13
	F. C.	F. C.	F. C.	F. C.	F. C.	F. C.	F. C.	F. C.	F. C.	F. C.	F. C.	F. C.
35	» 70	» 92	1 16	1 39	» 58	4 62	» 81	1 08	1 35	1 63	» 68	5 39
36	» 72	» 96	1 19	1 43	» 60	4 76	» 84	1 11	1 39	1 67	» 70	5 55
37	» 74	» 98	1 23	1 47	» 62	4 89	» 86	1 14	1 43	1 72	» 72	5 70
38	» 76	1 01	1 26	1 51	» 63	5 02	» 88	1 17	1 47	1 77	» 74	5 86
39	» 78	1 03	1 29	1 55	» 65	5 15	» 91	1 21	1 50	1 81	» 76	6 01
40	» 80	1 06	1 32	1 59	» 66	5 28	» 93	1 24	1 54	1 86	» 77	6 16
41	» 82	1 09	1 36	1 63	» 68	5 41	» 95	1 27	1 58	1 91	» 79	6 32
42	» 84	1 11	1 39	1 67	» 70	5 55	» 98	1 30	1 62	1 95	» 81	6 47
43	» 86	1 14	1 42	1 71	» 71	5 68	1 »	1 33	1 66	1 99	» 83	6 63
44	» 88	1 17	1 45	1 75	» 73	5 81	1 02	1 36	1 70	2 04	» 85	6 78
45	» 90	1 19	1 49	1 79	» 75	5 94	1 04	1 39	1 74	2 09	» 87	6 93
46	» 92	1 22	1 52	1 83	» 76	6 08	1 07	1 42	1 78	2 13	» 89	7 09
47	» 94	1 25	1 55	1 87	» 78	6 21	1 09	1 45	1 82	2 18	» 91	7 24
48	» 96	1 27	1 58	1 91	» 80	6 34	1 11	1 48	1 85	2 22	» 93	7 40
49	» 98	1 30	1 62	1 95	» 81	6 47	1 14	1 51	1 89	2 27	» 95	7 55
50	» 99	1 32	1 65	1 98	» 83	6 60	1 16	1 54	1 93	2 32	» 97	7 70
51	1 01	1 35	1 68	2 02	» 85	6 74	1 18	1 57	1 97	2 36	» 99	7 86
52	1 03	1 37	1 71	2 06	» 86	6 87	1 21	1 61	2 01	2 41	1 01	8 01
53	1 05	1 40	1 75	2 10	» 88	7 »	1 23	1 64	2 05	2 46	1 03	8 17
54	1 07	1 43	1 79	2 14	» 90	7 13	1 25	1 67	2 09	2 50	1 04	8 32
55	1 09	1 46	1 82	2 18	» 91	7 26	1 28	1 70	2 12	2 55	1 06	8 47
56	1 11	1 48	1 85	2 22	» 93	7 40	1 30	1 73	2 16	2 59	1 08	8 63
57	1 13	1 51	1 88	2 26	» 95	7 53	1 32	1 76	2 20	2 64	1 10	8 78
58	1 15	1 54	1 92	2 30	» 96	7 66	1 34	1 79	2 24	2 69	1 12	8 94
59	1 17	1 56	1 95	2 34	» 98	7 79	1 37	1 82	2 28	2 73	1 14	9 09
60	1 19	1 59	1 98	2 38	» 99	7 92	1 39	1 85	2 32	2 78	1 16	9 24
61	1 21	1 62	2 02	2 42	1 01	8 06	1 41	1 88	2 36	2 83	1 18	9 40
62	1 23	1 64	2 05	2 46	1 03	8 19	1 44	1 91	2 39	2 87	1 20	9 55
63	1 25	1 67	2 08	2 50	1 05	8 32	1 46	1 95	2 43	2 92	1 22	9 71
64	1 27	1 70	2 11	2 54	1 06	8 45	1 48	1 98	2 47	2 97	1 24	9 86
65	1 29	1 72	2 15	2 58	1 08	8 58	1 51	2 01	2 51	3 01	1 26	10 01
66	1 31	1 75	2 18	2 62	1 10	8 70	1 53	2 04	2 55	3 06	1 28	10 17
67	1 33	1 78	2 21	2 66	1 11	8 85	1 55	2 07	2 59	3 11	1 29	10 32
68	1 35	1 80	2 25	2 70	1 13	8 98	1 58	2 10	2 63	3 15	1 31	10 48

Suite du deuxième Tableau.

DROITS EN PRINCIPAL ET DÉCIME PERÇUS AUX ENTRÉES DES VILLES.

QUANTITÉ DE LITRES.	DE 20,000 A 30,000 HABITANTS.						DE 30,000 A 50,000 HABITANTS.					
	Vin à 1 f. 80 c. l'hect. — 1re clas.	Vin à 2 f. 40 c. l'hect. — 2e clas	Vin à 3 fr. l'hecto-litre. — 3e clas.	Vin à 3 f. 60 c. l'hect. — 4e clas.	Cidre, Poiré et Hydromel à 1 f. 50 c. l'hect.	Alcool et liqueur à 12 fr. l'hecto-litre.	Vin à 2 f 10 c. l'hect. — 1re clas.	Vin à 2 f. 80 c l'hect. — 2e clas.	Vin à 3 f. 50 c. l'hect. — 3e clas.	Vin à 4 f. 20 c. l'hect. — 4e clas	Cidre, Poiré et Hydromel 1 f. 75 c l'hect.	Alcool et liqueur à 14 fr l'hecto-litre.
1	2	3	4	5	6	7	8	9	10	11	12	13
	F. C.	F. C.	F. C.	F. C.	F. C.	F. C.	F. C.	F. C.	F. C.	F. C.	F. C.	F.
69	1 37	1 83	2 28	2 74	1 15	9 11	1 60	2 13	2 66	3 19	1 33	10 6[illegible]
70	1 39	1 86	2 31	2 78	1 16	9 14	1 62	2 16	2 70	3 24	1 35	[illegible]
71	1 41	1 88	2 35	2 82	1 18	9 38	1 65	2 19	2 74	3 29	1 37	[illegible]
72	1 43	1 91	2 38	2 86	1 20	9 41	1 67	2 22	2 78	3 33	1 39	11 09
73	1 45	1 94	2 41	2 90	1 21	9 54	1 69	2 26	2 82	3 38	1 41	11 25
74	1 47	1 96	2 45	2 94	1 23	9 77	1 71	2 29	2 86	3 43	1 43	11 40
75	1 49	1 99	2 48	2 98	1 25	9 90	1 74	2 32	2 89	3 47	1 45	11 55
76	1 51	2 01	2 51	3 01	1 26	10 04	1 76	2 35	2 93	3 52	1 47	11 71
77	1 53	2 04	2 55	3 05	1 28	10 17	1 78	2 38	2 97	3 56	1 49	11 86
78	1 55	2 07	2 58	3 09	1 30	10 30	1 81	2 41	3 01	3 61	1 51	12 02
79	1 57	2 09	2 61	3 13	1 31	10 43	1 83	2 44	3 05	3 66	1 53	12 17
80	1 59	2 11	2 64	3 17	1 33	10 56	1 85	2 47	3 09	3 70	1 54	12 32
81	1 61	2 14	2 68	3 21	1 35	10 69	1 88	2 50	3 13	3 75	1 56	12 48
82	1 63	2 17	2 70	3 25	1 36	10 83	1 90	2 53	3 16	3 80	1 58	12 63
83	1 65	2 19	2 74	3 29	1 38	10 96	1 92	2 56	3 20	3 84	1 60	12 79
84	1 67	2 22	2 78	3 33	1 40	11 09	1 95	2 59	3 24	3 89	1 62	12 94
85	1 69	2 25	2 81	3 37	1 41	11 22	1 97	2 62	3 28	3 94	1 64	13 09
86	1 71	2 28	2 84	3 41	1 43	11 36	1 99	2 65	3 32	3 98	1 66	13 25
87	1 73	2 30	2 88	3 45	1 45	11 49	2 01	2 68	3 36	4 02	1 68	13 40
88	1 75	2 33	2 91	3 49	1 46	11 62	2 03	2 71	3 39	4 07	1 70	13 56
89	1 77	2 36	2 94	3 53	1 48	11 75	2 05	2 74	3 43	4 12	1 72	13 71
90	1 79	2 38	2 97	3 57	1 50	11 88	2 08	2 78	3 47	4 16	1 74	13 86
91	1 81	2 41	3 01	3 61	1 51	12 02	2 10	2 81	3 51	4 21	1 76	14 02
92	1 83	2 44	3 04	3 65	1 53	12 15	2 13	2 84	3 55	4 26	1 78	14 18
93	1 85	2 46	3 07	3 69	1 55	12 28	2 15	2 87	3 59	4 30	1 80	14 33
94	1 87	2 49	3 11	3 73	1 56	12 41	2 17	2 90	3 63	4 35	1 81	14 49
95	1 89	2 52	3 14	3 77	1 57	12 54	2 20	2 93	3 66	4 40	1 83	14 64
96	1 91	2 54	3 17	3 81	1 59	12 68	2 22	2 96	3 70	4 44	1 85	14 80
97	1 93	2 57	3 21	3 85	1 61	12 81	2 24	2 99	3 74	4 49	1 87	14 95
98	1 95	2 60	3 24	3 89	1 63	12 94	2 26	3 02	3 78	4 54	1 89	15 11
99	1 97	2 62	3 27	3 93	1 64	13 07	2 29	3 05	3 82	4 58	1 91	15 26
100	1 98	2 64	3 30	3 96	1 65	13 20	2 31	3 08	3 85	4 62	1 93	15 40

Suite du deuxième Tableau.

DROITS EN PRINCIPAL ET DÉCIME PERÇUS AUX ENTRÉES DES VILLES.

QUANTITÉ DE LITRES.	DE 50,000 HABITANTS ET AU-DESSUS.						QUANTITÉ DE LITRES.	DE 50,000 HABITANTS ET AU-DESSUS.					
	Vin à 2 f. 40 l'hect. — 1re cl.	Vin à 3 f. 20 l'hect. — 2e cl.	Vin à 4 fr. l'hectolitre — 3e cl.	Vin à 4 f. 80 l'hect. — 4e cl.	Cidre, Poiré et Hydromel à 2 fr. l'hect.	Alcool et liqueur à 16 f. l'hectolitre		Vin à 2 f. 40 l'hect. — 1re cl.	Vin à 3 f. 20 l'hect. — 2e cl.	Vin à 4 fr. l'hectolitre — 3e cl.	Vin à 4 f. 80 l'hect. — 4e cl.	Cidre, Poiré et Hydromel à 2 fr. l'hect.	Alcool et liqueur à 16 f. l'hectolitre
1	2	3	4	5	6	7	1	2	3	4	5	6	7
	F. C.	F. C.	F. C.	F. C.	F. C.	F. C.		F. C.	F. C.	F. C.	F. C.	F. C.	F. C.
1	» 03	» 04	» 05	» 06	» 03	» 18	35	» 93	1 24	1 54	1 85	» 77	6 16
2	» 06	» 08	» 09	» 11	» 05	» 36	36	» 96	1 27	1 59	1 91	» 80	6 34
3	» 08	» 11	» 14	» 16	» 07	» 53	37	» 98	1 31	1 63	1 96	» 82	6 52
4	» 11	» 15	» 18	» 22	» 09	» 71	38	1 01	1 34	1 68	2 01	» 83	6 69
5	» 14	» 18	» 22	» 27	» 11	» 88	39	1 04	1 38	1 72	2 06	» 86	6 87
6	» 16	» 22	» 27	» 32	» 14	1 06	40	1 06	1 41	1 77	2 12	» 88	7 04
7	» 19	» 25	» 31	» 37	» 16	1 24	41	1 09	1 45	1 81	2 17	» 91	7 22
8	» 22	» 29	» 36	» 43	» 18	1 41	42	1 12	1 48	1 85	2 22	» 93	7 40
9	» 24	» 32	» 40	» 48	» 20	1 59	43	1 14	1 52	1 90	2 26	» 95	7 57
10	» 27	» 36	» 44	» 53	» 22	1 76	44	1 17	1 55	1 94	2 33	» 97	7 75
11	» 30	» 39	» 49	» 59	» 25	1 94	45	1 20	1 59	1 98	2 38	» 99	7 92
12	» 32	» 43	» 53	» 64	» 27	2 12	46	1 23	1 62	2 03	2 44	1 02	8 10
13	» 35	» 46	» 58	» 69	» 29	2 29	47	1 26	1 66	2 07	2 49	1 04	8 27
14	» 38	» 50	» 62	» 74	» 31	2 47	48	1 28	1 69	2 12	2 54	1 06	8 45
15	» 40	» 53	» 66	» 80	» 33	2 64	49	1 31	1 73	2 16	2 59	1 08	8 63
16	» 43	» 57	» 71	» 85	» 36	2 82	50	1 33	1 76	2 21	2 64	1 10	8 80
17	» 46	» 60	» 75	» 90	» 38	3 »	51	1 35	1 80	2 25	2 70	1 13	8 98
18	» 48	» 64	» 80	» 96	» 40	3 18	52	1 38	1 83	2 29	2 75	1 15	9 15
19	» 51	» 67	» 84	1 01	» 42	3 35	53	1 40	1 87	2 34	2 80	1 17	9 33
20	» 54	» 71	» 88	1 06	» 44	3 53	54	1 43	1 91	2 38	2 86	1 19	9 50
21	» 56	» 74	» 93	1 11	» 47	3 71	55	1 46	1 94	2 42	2 91	1 21	9 68
22	» 59	» 78	» 97	1 17	» 49	3 88	56	1 48	1 98	2 47	2 96	1 24	9 86
20	» 62	» 81	1 02	1 22	» 51	4 06	57	1 51	2 01	2 51	3 01	1 26	10 03
24	» 64	» 85	1 06	1 27	» 53	4 23	58	1 54	2 05	3 56	3 07	1 28	10 21
25	» 67	» 88	1 10	1 33	» 55	4 41	59	1 56	2 08	2 60	3 12	1 30	10 38
26	» 70	» 92	1 15	1 38	» 58	4 58	60	1 59	2 12	2 64	3 17	1 32	10 56
27	» 72	» 95	1 19	1 43	» 60	4 76	61	1 62	2 15	2 69	3 23	1 35	10 74
28	» 75	» 99	1 24	1 48	» 62	4 94	62	1 64	2 19	2 73	3 28	1 37	10 92
29	» 78	1 03	1 28	1 54	» 64	5 10	63	1 67	2 22	2 78	3 33	1 39	11 09
30	» 80	1 06	1 32	1 59	» 66	5 29	64	1 70	2 26	2 82	3 38	1 41	11 26
31	» 83	1 10	1 37	1 64	» 69	5 46	65	1 72	2 29	2 86	3 44	1 43	11 44
32	» 86	1 13	1 41	1 70	» 71	5 64	66	1 75	2 33	2 91	3 49	1 46	11 62
33	» 88	1 17	1 46	1 75	» 73	5 81	67	1 78	2 36	2 95	3 54	1 48	11 80
34	» 90	1 20	1 30	1 80	» 75	5 99	68	1 80	2 40	3 »	3 60	1 50	11 97

Suite du deuxième Tableau.

DROITS EN PRINCIPAL ET DÉCIME PERÇUS AUX ENTRÉES DES VILLES.

	DE 50,000 HABITANTS ET AU-DESSUS.					
QUANTITÉ DE LITRES. 1	Vin à 2 f. 40 l'hect. — 1re cl. 2	Vin à 3 f. 20 l'hect. — 2e cl. 3	Vin à 4 fr. l'hectolitre — 3e cl. 4	Vin à 4 f. 80 l'hect. — 4e cl. 5	Cidre Poiré et Hydromel à 2 fr. l'hect. 6	Alcool et liqueur à 16 f. l'hectolitre 7
	F. C.	F. C.	F. C.	F. C.	F. C.	F. C.
69	1 83	2 43	3 04	3 65	1 52	12 15
70	1 86	2 47	3 08	3 70	1 54	12 33
71	1 88	2 50	3 13	3 75	1 57	12 50
72	1 91	2 54	3 17	3 81	1 59	12 68
73	1 94	2 57	3 22	3 86	1 61	12 85
74	1 96	2 61	3 26	3 91	1 63	13 03
75	1 98	2 64	3 30	3 96	1 65	13 20
76	2 01	2 68	3 35	4 02	1 68	13 38
77	2 04	2 71	3 39	4 07	1 70	13 56
78	2 06	2 75	3 44	4 12	1 72	13 73
79	2 09	2 78	3 48	4 18	1 74	13 91
80	2 12	2 82	3 52	4 23	1 76	14 08
81	2 14	2 85	3 57	4 28	1 79	14 26
82	2 17	2 89	3 61	4 34	1 81	14 43
83	2 20	2 92	3 66	4 39	1 83	14 61
84	2 22	2 96	3 70	4 44	1 85	14 79
85	2 25	3 »	3 74	4 49	1 87	14 96
86	2 28	3 03	3 79	4 55	1 90	15 14
87	2 30	3 07	3 83	4 60	1 92	15 31
88	2 33	3 10	3 88	4 66	1 94	15 49
89	2 36	3 14	3 92	4 71	1 96	15 66
90	2 38	3 17	3 96	4 76	1 98	15 84
91	2 41	3 21	4 01	4 81	2 01	16 02
92	2 44	3 24	4 05	4 86	2 03	16 19
93	2 46	3 28	4 10	4 92	2 05	16 37
94	2 49	3 31	4 14	4 97	2 07	16 54
95	2 51	3 35	4 18	5 02	2 09	16 72
96	2 54	3 38	4 23	5 07	2 12	16 89
97	2 57	3 41	4 27	5 13	2 14	17 07
98	2 59	3 45	4 32	5 18	2 16	17 25
99	2 62	3 48	4 36	5 23	2 18	17 42
100	2 64	3 52	4 40	5 28	2 20	17 60

OBSERVATIONS.

Pour trouver le droit sur les quantités portées dans la 1re colonne du tarif ci-dessus, il faut d'abord se porter au tableau suivant, qui fera connaître la classe du département dont fait partie la ville où l'on veut introduire des boissons ; on parcourt ensuite la 1re ligne de la tête de ce tarif jusqu'à la rencontre du chiffre représentant la population de cette ville et la colonne indiquant sa classe ; on descend ensuite la 1re colonne jusqu'à la quantité dont on veut connaître le droit, puis on suit transversalement jusqu'à la rencontre de celle qui indique la classe, et le chiffre porté au point d'intersection représente la somme cherchée.

EXEMPLE :

Pour connaître le droit dû à l'entrée de Melun sur la quantité de 230 litres de vin, je me porte, comme il est dit ci-dessus, au tableau n° 3, qui m'indique que le département de Seine-et-Marne (A) dans lequel la ville de Melun se trouve située, fait partie de la 3me classe ; je parcours ensuite, de la gauche à la droite, la 1re ligne de la tête du tarif des droits d'entrée jusqu'à la rencontre du chiffre 6,000 à 10,000 (B) dans lequel se trouve celui représentant la population de cette ville ; de là je descends dans la 10me colonne, qui est celle de la 3me classe (C) jusqu'à la somme portée en regard du nombre 100 litres, qui est 1 fr. 65 c. (D) ; cette somme doublée donne d'abord pour 200 litres 3 fr. 30 c., ci.................. 3 fr. 30 c.

Après cette opération je me porte dans la 1re colonne, que je remonte jusqu'au chiffre 30 litres (E), dont je suis la ligne jusqu'à l'entrée de la 10me colonne, où je trouve la somme de 0 fr. 50 c. (F) montant du droit sur 30 litres, ci................. 0 50

Total du droit sur 230 lit. de vin. 3 fr. 80 c.

TROISIÈME TABLEAU.

DÉPARTEMENTS DE LA REPUBLIQUE,

DIVISÉS EN QUATRE CLASSES,

POUR LA PERCEPTION DES DROITS DE CIRCULATION ET D'ENTRÉE SUR LES BOISSONS.

1re CLASSE.	2e CLASSE.	3e CLASSE.	4e CLASSE.
Var.	Drôme.	Jura.	Nord.
Alpes (Basses-).	Ardèche.	Doubs.	Pas-de-Calais.
Vaucluse.	Alpes (Hautes-).	Saône (Haute-).	Somme.
Bouches-du-Rhône	Isère.	Saône-et-Loire.	Ardennes.
Gard.	Puy-de-Dôme.	Rhône.	Seine-Inférieure.
Hérault.	Allier.	Loire.	Calvados.
Aude.	Nièvre.	Sarthe.	Orne.
Pyrénées-Oriental.	Cher.	Morbihan.	Manche.
Tarn.	Indre.	Seine.	Mayenne.
Garonne (Haute-).	Vienne.	Seine-et-Oise.	Ille-et-Vilaine.
Ariége.	Sèvres (Deux-).	Seine-et-Marne (A).	Côtes-du-Nord.
Lot.	Vendée.	Eure-et-Loir.	Finistère.
Tarn-et-Garonne.	Loire-Inférieure.	Creuse.	
Gers.	Maine-et-Loire.	Vienne (Haute-).	
Pyrénées (Hautes-)	Indre-et-Loire.	Corrèze.	
Dordogne.	Loir-et-Cher.	Cantal.	
Lot-et-Garonne.	Loiret.	Loire (Haute-).	
Charente-Inférieur.	Yonne.	Lozère.	
Charente.	Côte-d'Or.	Rhin (Bas-).	
Gironde.	Ain.	Rhin (Haut-).	
Landes.	Marne (Haute-).	Vosges.	
Pyrénées (Basses-)	Marne.	Eure.	
Aveyron.	Meuse.	Oise.	
Aube.	Moselle.	Aisne.	
	Meurthe.		

QUATRIÈME

DROIT DE DÉTAIL SUR LES QUANTITÉS DE VIN, CIDRE,

Depuis **1** litre jusqu'à **3,000** litres, et depuis

QUANTITÉS DE LITRES.	à 0 fr. 10 c.	à 0 fr. 15 c.	à 0 fr. 20 c.	à 0 fr. 25 c.	à 0 fr. 30 c.	à 0 fr. 35 c.	à 0 fr. 40 c.	à 0 fr. 45 c.	à 0 fr. 50 c.	à 0 fr. 55 c.	à 0 fr. 60 c.	à 0 fr. 65 c.	à 0 fr. 70 c.	à 0 fr. 75 c.
	F. C.	F. C.	F. C.	F. C.	F. C.	F. C.	F. C.	F. C.	F. C.	F. C.	F. C.	F. C.	F. C.	F. C.
1	» 02	» 03	» 03	» 04	» 04	» 05	» 05	» 06	» 06	» 07	» 07	» 08	» 08	» 09
2	» 03	» 04	» 05	» 06	» 07	» 08	» 09	» 10	» 11	» 13	» 14	» 15	» 16	» 17
3	» 04	» 06	» 07	» 09	» 10	» 13	» 14	» 16	» 17	» 19	» 20	» 22	» 24	» 26
4	» 05	» 07	» 09	» 11	» 14	» 16	» 18	» 20	» 22	» 25	» 27	» 29	» 31	» 33
5	» 06	» 09	» 11	» 14	» 17	» 20	» 22	» 26	» 28	» 31	» 33	» 37	» 38	» 41
6	» 07	» 10	» 14	» 17	» 20	» 24	» 27	» 30	» 33	» 36	» 39	» 42	» 46	» 49
7	» 08	» 13	» 16	» 19	» 24	» 28	» 31	» 36	» 38	» 42	» 46	» 50	» 53	» 58
8	» 09	» 14	» 18	» 22	» 27	» 31	» 36	» 39	» 43	» 48	» 52	» 57	» 61	» 65
9	» 10	» 16	» 20	» 26	» 30	» 36	» 39	» 44	» 49	» 54	» 59	» 65	» 69	» 73
10	» 11	» 17	» 22	» 28	» 33	» 38	» 43	» 48	» 54	» 60	» 65	» 70	» 75	» 81
11	» 13	» 19	» 25	» 31	» 37	» 42	» 48	» 54	» 60	» 66	» 72	» 77	» 83	» 90
12	» 14	» 20	» 27	» 33	» 39	» 46	» 52	» 59	» 65	» 72	» 77	» 84	» 91	» 97
13	» 15	» 22	» 29	» 37	» 42	» 50	» 57	» 64	» 71	» 77	» 84	» 92	» 98	1 06
14	» 16	» 24	» 31	» 38	» 46	» 53	» 61	» 69	» 75	» 83	» 91	» 98	1 06	1 13
15	» 17	» 26	» 33	» 41	» 49	» 58	» 65	» 73	» 81	» 90	» 97	1 06	1 13	1 21
16	» 18	» 27	» 36	» 44	» 52	» 61	» 70	» 77	» 86	» 95	1 04	1 12	1 20	1 29
17	» 19	» 29	» 37	» 47	» 55	» 65	» 73	» 83	» 93	1 02	1 10	1 19	1 28	1 38
18	» 20	» 30	» 39	» 49	» 59	» 69	» 77	» 87	» 97	1 07	1 16	1 25	1 36	1 45
19	» 21	» 32	» 41	» 52	» 62	» 73	» 82	» 93	1 03	1 13	1 23	1 34	1 43	1 53
20	» 22	» 33	» 43	» 54	» 65	» 75	» 86	» 97	1 07	1 18	1 29	1 40	1 50	1 61
21	» 24	» 36	» 46	» 58	» 69	» 80	» 91	1 03	1 13	1 25	1 36	1 47	1 58	1 70
22	» 25	» 37	» 48	» 60	» 72	» 83	» 95	1 07	1 18	1 30	1 42	1 53	1 65	1 78
23	» 26	» 38	» 50	» 63	» 74	» 87	» 99	1 12	1 24	1 37	1 48	1 61	1 73	1 85
24	» 27	» 39	» 52	» 65	» 77	» 91	1 04	1 16	1 29	1 42	1 54	1 68	1 81	1 93
25	» 28	» 41	» 54	» 69	» 81	» 95	1 07	1 21	1 35	1 48	1 61	1 75	1 87	2 02
26	» 29	» 42	» 57	» 71	» 84	» 98	1 12	1 26	1 40	1 53	1 68	1 81	1 95	2 09
27	» 30	» 44	» 59	» 73	» 87	1 05	1 16	1 31	1 45	1 66	1 74	1 89	2 03	2 17
28	» 31	» 46	» 61	» 75	» 91	1 [illegible]	1 20	1 36	1 50	1 65	1 81	1 95	2 11	2 25
29	» 32	» 48	» 63	» 79	» 94	1 09	1 25	1 41	1 56	1 72	1 87	2 03	2 17	2 34
30	» 33	» 49	» 65	» 81	» 97	1 13	1 29	1 45	1 61	1 78	1 94	2 09	2 25	2 41
31	» 35	» 51	» 68	» 84	1 01	1 17	1 34	1 50	1 67	1 83	2 »	2 16	2 33	2 50
32	» 36	» 52	» 70	» 86	1 04	1 [illegible]	1 [illegible]	1 54	1 72	1 89	2 06	2 23	2 40	2 57

TAB[illegible] [illegible].

P[illegible]IRÉ ET [illegible] OMEL VENDUS CHEZ LES DÉBITANTS.

le prix de [illegible] centimes le litre jusqu'à **5** fr.

à 0 [illegible]	à 0 fr. 85 c.	à 0 fr. 90 c.	à 0 fr. 95 c.	à 1 franc.	à 1 fr. 25 c.	à 1 fr. 50 c.	à 1 fr. 75 c.	à 2 francs.	à 2 fr. 50 c.	à 3 francs.	à 3 fr. 50 c.	à 4 francs.	à 4 fr. 50 c.	à 5 francs.
F. C.	F. C.	F. C.	F. C.	F. C.	F. C.	F. C.	F. C.	F. C.	F. C.	F. C.	F. C.	F. C.	F. C.	F. C.
» 09	» 10	» 10	» 11	» 11	» 15	» 17	» 20	» 22	» 28	» 33	» 38	» 43	» 49	» 54
» 18	» 19	» 20	» 21	» 22	» 28	» 33	» 38	» 43	» 54	» 65	» 75	» 86	» 97	1 07
» 27	» 29	» 30	» 32	» 33	» 41	» 49	» 58	» 65	» 81	» 97	1 13	1 29	1 45	1 61
» 36	» 37	» 39	» 41	» 43	» 54	» 65	» 75	» 86	1 07	1 29	1 50	1 72	1 93	2 14
» 43	» 47	» 49	» 52	» 54	» 69	» 81	» 9	1 07	1 35	1 61	1 87	2 14	2 41	2 68
» 52	» 55	» 59	» 62	» 65	» 81	» 97	1 13	1 29	1 61	1 93	2 25	2 57	2 89	3 21
» 61	» 64	» 69	» 72	» 75	» 95	1 13	1 32	1 50	1 87	2 25	2 62	3 »	3 37	3 74
» 70	» 73	» 77	» 82	» 86	1 07	1 29	1 50	1 72	2 14	2 57	3 »	3 43	3 85	4 27
» 77	» 83	» 87	» 93	» 97	1 21	1 45	1 70	1 93	2 41	2 89	3 37	3 85	4 33	4 81
» 86	» 92	» 97	1 03	1 07	1 35	1 61	1 87	2 14	2 68	3 21	3 74	4 27	4 81	5 34
95	1 02	1 07	1 13	1 18	1 48	1 78	2 07	2 86	2 94	3 54	4 12	4 70	5 30	5 88
1 04	1 09	1 16	1 23	1 29	1 61	1 93	2 25	2 57	3 21	3 85	4 49	5 13	5 77	6 41
1 12	1 19	1 27	1 34	1 40	1 75	2 09	2 45	2 79	3 48	4 17	4 87	5 56	6 25	6 95
1 20	1 28	1 36	1 43	1 50	1 89	2 25	2 62	3 »	3 74	4 49	5 24	5 99	6 74	7 47
1 29	1 38	1 45	1 53	1 61	2 02	2 41	2 82	3 21	4 01	4 81	5 61	6 41	7 21	8 01
1 38	1 46	1 54	1 63	1 70	2 14	2 57	3 »	3 43	4 27	5 13	5 99	6 84	7 69	8 54
1 46	1 56	1 64	1 74	1 82	2 28	2 73	3 19	3 63	4 55	5 45	6 36	7 26	8 18	9 08
1 54	1 64	1 74	1 83	1 93	2 41	2 89	3 37	3 85	4 81	5 77	6 74	7 69	8 65	9 61
1 63	1 74	1 83	1 94	2 04	2 55	3 05	3 57	4 07	5 08	6 09	7 11	8 12	9 13	10 15
72	1 82	1 93	2 04	2 14	2 68	3 21	3 74	4 27	5 34	6 41	7 47	8 54	9 61	10 67
1 80	1 92	2 03	2 14	2 25	2 82	3 37	3 93	4 49	5 61	6 74	7 85	8 97	10 09	11 21
1 89	2 01	2 13	2 24	2 36	2 94	3 54	4 12	4 70	5 88	7 06	8 22	9 40	10 58	11 74
1 97	2 11	2 22	2 35	2 47	3 08	3 69	4 31	4 92	6 14	7 37	8 66	9 83	11 05	12 28
2 06	2 18	2 31	2 45	2 57	3 21	3 85	4 49	5 13	6 41	7 69	8 97	10 26	11 53	12 81
2 14	2 28	2 44	2 55	2 68	3 35	4 01	4 68	5 34	6 68	8 01	9 34	10 67	12 02	13 35
2 23	2 37	2 50	2 64	2 79	3 48	4 17	4 87	5 56	6 95	8 33	9 72	11 10	12 49	13 88
2 31	2 47	2 60	2 75	2 89	3 61	4 33	5 05	5 77	7 21	8 65	10 09	11 53	12 97	14 41
2 40	2 55	2 70	2 85	3 »	3 74	4 49	5 24	5 99	7 47	8 97	10 47	11 96	13 46	14 94
2 49	2 64	2 80	2 95	3 11	3 89	4 65	5 43	6 21	7 75	9 29	10 84	12 39	13 93	15 48
2 57	2 73	2 89	3 05	3 21	4 01	4 81	5 61	6 41	8 01	9 61	11 21	12 81	14 41	16 01
2 66	2 84	2 99	3 16	3 32	4 15	4 98	5 80	6 63	8 28	9 94	11 59	13 24	14 90	16 55
2 74	2 91	3 08	3 25	3 43	4 27	5 13	5 99	6 84	8 54	10 26	11 96	13 67	15 37	17 08

Suite du

DROIT DE DÉTAIL SUR LES QUANTITÉS DE VIN, CIDRE,

Depuis **1** litre jusqu'à **3,000** litres, et depuis

QUANTITÉS DE LITRES.	à 0 fr. 10 c.	à 0 fr. 15 c.	à 0 fr. 20 c.	à 0 fr. 25 c.	à 0 fr. 30 c.	à 0 fr. 35 c.	à 0 fr. 40 c.	à 0 fr. 45 c.	à 0 fr. 50 c.	à 0 fr. 55 c.	à 0 fr. 60 c.	à 0 fr. 65 c.	à 0 fr. 70 c.	à 0 fr. 75 c.
	F. C.	F. C.	F. C.	F. C.	F. C.	F. C.	F. C.	F. C.	F. C.	F. C.	F. C.	F. C.	F. C.	F. C.
33	» 37	» 54	» 72	» 90	1 07	1 25	1 42	1 60	1 78	1 95	2 13	2 30	2 48	2 66
34	» 37	» 55	» 73	» 92	1 09	1 28	1 46	1 64	1 82	2 01	2 18	2 37	2 55	2 73
35	» 38	» 58	» 75	» 95	1 13	1 32	1 50	1 70	1 87	2 07	2 25	2 45	2 62	2 82
36	» 39	» 59	» 77	» 97	1 16	1 36	1 54	1 74	1 93	2 13	2 31	2 50	2 70	2 89
37	» 40	» 61	» 80	1 01	1 19	1 40	1 59	1 80	1 98	2 18	2 38	2 58	2 78	2 97
38	» 41	» 62	» 82	1 03	1 23	1 43	1 63	1 83	2 04	2 24	2 45	2 64	2 85	3 05
39	» 42	» 64	» 84	1 06	1 26	1 48	1 68	1 89	2 09	2 30	2 50	2 72	2 92	3 14
40	» 43	» 65	» 85	1 07	1 29	1 50	1 72	1 93	2 14	2 36	2 57	2 79	3 »	3 21
41	» 44	» 68	» 88	1 10	1 32	1 54	1 76	1 98	2 19	2 42	2 63	2 85	3 07	3 29
42	» 46	» 69	» 91	1 13	1 36	1 58	1 80	2 03	2 25	2 48	2 70	2 92	3 15	3 37
43	» 47	» 71	» 93	1 16	1 39	1 62	1 84	2 08	2 30	2 53	2 77	3 »	3 22	3 46
44	» 48	» 72	» 95	1 18	1 42	1 65	1 89	2 13	2 36	2 59	2 83	3 06	3 29	3 54
45	» 49	» 73	» 97	1 21	1 45	1 70	1 93	2 17	2 41	2 66	2 89	3 14	3 37	3 61
46	» 50	» 74	» 99	1 24	1 48	1 72	1 97	2 22	2 47	2 71	2 95	3 21	3 45	3 69
47	» 51	» 76	1 02	1 27	1 51	1 78	2 02	2 27	2 51	2 78	3 02	3 27	3 52	3 78
48	» 52	» 77	1 04	1 29	1 54	1 80	2 06	2 31	2 57	2 83	3 08	3 34	3 59	3 85
49	» 53	» 80	1 06	1 32	1 58	1 84	2 11	2 37	2 62	2 89	3 15	3 41	3 67	3 93
50	» 54	» 81	1 07	1 35	1 61	1 87	2 14	2 41	2 68	2 94	3 21	3 48	3 74	4 01
51	» 55	» 83	1 09	1 38	1 64	1 92	2 18	2 47	2 73	3 01	3 27	3 56	3 82	4 10
52	» 57	» 84	1 12	1 40	1 68	1 95	2 23	2 50	2 79	3 06	3 34	3 61	3 90	4 17
53	» 58	» 86	1 14	1 43	1 71	2 »	2 27	2 56	2 84	3 13	3 40	3 69	3 96	4 26
54	» 59	» 87	1 16	1 45	1 74	2 03	2 31	2 60	2 89	3 18	3 47	3 76	4 04	4 33
55	» 60	» 90	1 18	1 48	1 78	2 07	2 36	2 66	2 94	3 24	3 54	3 83	4 12	4 42
56	» 61	» 91	1 20	1 50	1 80	2 11	2 40	2 70	3 »	3 29	3 59	3 90	4 20	4 49
57	» 62	» 93	1 23	1 53	1 83	2 14	2 45	2 75	3 05	3 36	3 66	3 96	4 27	4 58
58	» 63	» 94	1 25	1 56	1 86	2 17	2 49	2 80	3 11	3 41	3 72	4 03	4 36	4 65
59	» 64	» 96	1 27	1 59	1 9[illegible]	2 22	2 52	2 85	3 16	3 48	3 79	4 11	4 42	4 73
60	» 65	» 97	1 20	1 61	1 93	2 25	2 57	2 89	3 21	3 54	3 85	4 17	4 49	4 81
61	» 66	» 99	1 31	1 64	1 95	2 29	2 61	2 94	3 26	3 59	3 92	4 25	4 57	4 90
62	» 68	1 01	1 34	1 67	2 »	2 33	2 6[illegible]	2 90	3 32	3 65	3 98	4 31	4 64	4 98
63	» 69	1 03	1 3[illegible]	1 7[illegible]	2 0[illegible]	2 37	2 70	3 04	3 37	3 71	4 04	4 38	4 71	5 05
64	» 70	1 04	1 38	1 72	2 06	2 40	2 74	3 08	3 43	3 77	4 11	4 45	4 79	5 13

4e Tableau.

POIRÉ ET HYDROMEL VENDUS CHEZ LES DÉBITANTS.

le prix de **10** centimes le litre jusqu'à **5** fr.

à 0 fr. 80 c.	à 0 fr. 85 c.	à 0 fr. 90 c.	à 0 fr. 95 c.	à 1 franc.	à 1 fr. 25 c.	à 1 fr. 50 c.	à 1 fr. 75 c.	à 2 francs.	à 2 fr. 50 c.	à 3 francs.	à 3 fr. 50 c.	à 4 francs.	à 4 fr. 50 c.	à 5 francs.
F. C.	F. C.	F. C.	F. C.	F. C.	F. C.	F. C.	F. C.	F. C.	F. C.	F. C.	F. C.	F. C.	F. C.	F. C.
2 83	3 01	3 18	3 36	3 54	4 42	5 30	6 18	7 06	8 82	10 58	12 34	14 10	15 86	17 62
2 91	3 10	3 27	3 46	3 63	4 55	5 45	6 36	7 26	9 08	10 90	12 71	14 52	16 34	18 14
3 »	3 19	3 37	3 57	3 74	4 68	5 61	6 55	7 47	9 34	11 22	13 08	14 94	16 81	18 68
3 08	3 27	3 47	3 66	3 85	4 81	5 77	6 74	7 69	9 61	11 54	13 46	15 37	17 30	19 21
3 17	3 37	3 57	3 77	3 95	4 95	5 93	6 92	7 90	9 88	11 86	13 83	15 80	17 78	19 75
3 25	3 46	3 66	3 87	4 06	5 08	6 09	7 11	8 12	10 15	12 18	14 21	16 23	18 25	20 28
3 34	3 56	3 76	3 96	4 17	5 22	6 25	7 30	8 33	10 41	12 50	14 58	16 66	18 74	20 82
3 43	3 63	3 85	4 06	4 27	5 34	6 41	7 49	8 54	10 67	12 82	14 94	17 08	19 21	21 34
3 51	3 73	3 94	4 17	4 38	5 48	6 57	7 67	8 76	10 95	13 15	15 32	17 51	19 69	21 88
3 59	3 82	4 04	4 27	4 49	5 61	6 73	7 85	8 97	11 21	13 46	15 69	17 93	20 18	22 41
3 68	3 92	4 14	4 37	4 60	5 75	6 89	8 05	9 19	11 48	13 78	16 06	18 36	20 65	22 95
3 77	4 »	4 24	4 47	4 70	5 88	7 06	8 22	9 40	11 74	14 10	16 44	18 79	21 14	23 48
3 85	4 10	4 33	4 58	4 81	6 02	7 21	8 42	9 61	12 02	14 42	16 81	19 21	21 62	24 02
3 93	4 18	4 43	4 67	4 92	6 14	7 37	8 60	9 83	12 28	14 74	17 19	19 64	22 10	24 55
4 02	4 27	4 53	4 78	5 02	6 29	7 53	8 79	10 04	12 54	15 06	17 56	20 07	22 58	25 08
4 11	4 38	4 62	4 88	5 13	6 41	7 69	8 97	10 26	12 81	15 38	17 93	20 50	23 06	25 61
4 20	4 46	4 71	4 99	5 24	6 55	7 85	9 17	10 47	13 08	15 70	18 31	20 93	23 53	26 15
4 27	4 55	4 81	5 08	5 34	6 68	8 01	9 34	10 67	13 35	16 02	18 68	21 34	24 02	26 68
4 36	4 64	4 91	5 19	5 45	6 81	8 18	9 54	10 89	13 61	16 35	19 06	21 77	24 50	27 22
4 45	4 72	5 »	5 28	5 56	6 95	8 33	9 72	11 11	13 88	16 66	19 43	22 20	24 97	27 75
4 54	4 82	5 10	5 38	5 67	7 09	8 50	9 92	11 32	14 15	16 98	19 80	22 63	25 46	28 29
4 62	4 91	5 20	5 48	5 77	7 21	8 65	10 09	11 53	14 41	17 30	20 18	23 06	25 94	28 81
4 70	5 »	5 30	5 59	5 88	7 35	8 82	16 29	11 74	14 68	17 62	20 55	23 48	26 42	29 35
4 79	5 09	5 38	5 69	5 99	7 47	8 97	10 47	11 96	14 94	17 94	20 93	23 91	26 90	29 88
4 88	5 19	5 48	5 79	6 09	7 62	9 13	10 66	12 17	15 22	18 26	21 30	24 34	27 38	30 42
4 97	5 27	5 58	5 89	6 26	7 75	9 29	10 84	12 39	15 48	18 58	21 67	24 77	27 86	30 95
5 04	5 36	5 68	6 »	6 31	7 88	9 45	11 04	12 60	15 75	18 90	22 05	25 19	28 34	31 49
5 13	5 45	5 77	6 09	6 41	8 01	9 61	11 21	12 81	16 01	19 22	22 41	25 61	28 81	32 01
5 22	5 55	5 87	6 20	6 52	8 16	9 77	11 40	13 03	16 28	19 54	22 79	26 04	29 30	32 55
5 31	5 64	5 97	6 30	6 63	8 28	9 94	11 59	13 24	16 55	19 86	23 16	26 47	29 78	33 08
5 38	5 72	6 05	6 41	6 74	8 42	10 09	11 77	13 46	16 81	20 18	23 53	26 90	30 25	33 62
5 47	5 81	6 15	6 49	6 84	8 54	10 26	11 96	13 67	17 08	20 50	23 91	27 33	30 74	34 15

Suite du

DROIT DE DÉTAIL SUR LES QUANTITÉS DE VIN, CIDRE,

Depuis **1** litre jusqu'à **3,000** litres, et depuis

QUANTITÉS DE LITRES.	à 0 fr. 10 c.	à 0 fr. 15 c.	à 0 fr. 20 c.	à 0 fr. 25 c.	à 0 fr. 30 c.	à 0 fr. 35 c.	à 0 fr. 40 c.	à 0 fr. 45 c.	à 0 fr. 50 c.	à 0 fr. 55 c.	à 0 fr. 60 c.	à 0 fr. 65 c.	à 0 fr. 70 c.	à 0 fr. 75 c.
	F. C.	F. C.	F. C.	F. C.	F. C.	F. C.	F. C.	F. C.	F. C.	F. C.	F. C.	F. C.	F. C.	F. C.
65	» 71	1 06	1 40	1 75	2 09	2 45	2 79	3 14	3 48	3 83	4 17	4 53	4 87	5 22
66	» 72	1 07	1 42	1 78	2 13	2 48	2 83	3 18	3 54	3 90	4 24	4 59	4 94	5 30
67	» 72	1 08	1 43	1 80	2 15	2 51	2 86	3 22	3 58	3 94	4 29	4 66	5 01	5 37
68	» 73	1 09	1 46	1 82	2 18	2 55	2 91	3 27	3 63	4 »	4 36	4 72	5 09	5 48
69	» 74	1 12	1 48	1 85	2 22	2 59	2 95	3 33	3 69	4 06	4 43	4 80	5 16	5 5[illegible]
70	» 75	1 13	1 50	1 87	2 25	2 62	3 »	3 37	3 74	4 12	4 49	4 87	5 24	5 61
71	» 76	1 15	1 52	1 91	2 28	2 67	3 04	3 42	3 80	4 18	4 56	4 94	5 32	5 70
72	» 77	1 16	1 54	1 93	2 31	2 70	3 08	3 47	3 85	4 24	4 62	5 »	5 38	5 77
73	» 79	1 18	1 57	1 96	2 35	2 74	3 13	3 52	3 91	4 29	4 68	5 08	5 46	5 85
74	» 80	1 19	1 59	1 98	2 38	2 78	3 17	3 57	3 95	4 35	4 73	5 14	5 54	5 93
75	» 81	1 21	1 61	2 02	2 41	2 82	3 21	3 61	4 01	4 42	4 81	5 22	5 61	6 02
76	» 82	1 23	1 63	2 04	2 45	2 85	3 25	3 66	4 06	4 47	4 88	5 28	5 69	6 0[illegible]
77	» 83	1 25	1 65	2 06	2 48	2 87	3 29	3 71	4 12	4 54	4 94	5 35	5 76	6 18
78	» 84	1 26	1 68	2 09	2 50	2 92	3 34	3 76	4 17	4 59	5 »	5 42	5 83	6 25
79	» 85	1 28	1 70	2 13	2 53	2 96	3 38	3 81	4 23	4 65	5 06	5 49	5 91	6 34
80	» 86	1 29	1 72	2 14	2 57	3 00	3 43	3 85	4 27	4 70	5 13	5 56	5 99	6 41
81	» 87	1 31	1 74	2 17	2 60	3 04	3 47	3 91	4 33	4 77	5 20	5 64	6 05	6 49
82	» 88	1 32	1 76	2 19	2 63	3 07	3 51	3 94	4 38	4 82	5 26	5 70	6 13	6 57
83	» 90	1 35	1 79	2 23	2 67	3 12	3 56	4 00	4 44	4 89	5 33	5 77	6 21	6 66
84	» 91	1 36	1 80	2 25	2 70	3 14	3 59	4 04	4 49	4 94	5 38	5 83	6 29	6 74
85	» 92	1 38	1 82	2 28	2 73	3 19	3 63	4 10	4 55	5 »	5 45	5 91	6 36	6 81
86	» 93	1 39	1 84	2 30	2 77	3 21	3 68	4 14	4 60	5 05	5 52	5 96	6 43	6 89
87	» 94	1 41	1 86	2 34	2 80	3 26	3 72	4 20	4 65	5 12	5 58	6 05	6 51	6 98
88	» 95	1 42	1 89	2 36	2 83	3 29	3 77	4 25	4 70	5 17	5 65	6 11	6 58	7 06
89	» 96	1 43	1 91	2 39	2 85	3 34	3 81	4 28	4 76	5 24	5 70	6 19	6 66	7 13
90	» 97	1 45	1 93	2 41	2 89	3 37	3 85	4 33	4 81	5 30	5 77	6 25	6 74	7 21
91	» 98	1 47	1 95	2 45	2 92	3 41	3 90	4 38	4 87	5 35	5 83	6 33	6 80	7 3[illegible]
62	» 99	1 48	1 97	2 47	2 95	3 45	3 93	4 43	4 92	5 41	5 90	6 40	6 88	7 37
93	1 01	1 50	2 »	2 50	2 99	3 49	3 98	4 48	4 98	5 47	5 97	6 46	6 96	7 46
94	1 02	1 51	2 02	2 51	3 02	3 52	4 02	4 53	5 02	5 53	6 03	6 53	7 03	7 53
95	1 03	1 53	2 04	2 55	3 05	3 57	4 06	4 58	5 08	5 59	6 09	6 60	7 11	7 62
96	1 04	1 54	2 06	2 57	3 08	3 59	4 11	4 62	5 13	5 65	6 15	6 67	7 18	7 69

4e Tableau.

POIRÉ ET HYDROMEL VENDUS CHEZ LES DÉBITANTS.

le prix de **10** centimes le litre jusqu'à **5** fr.

à 0 fr. 80 c.	à 0 fr. 85 c.	à 0 fr. 90 c.	à 0 fr. 95 c.	à 1 franc.	à 1 fr. 25 c.	à 1 fr. 50 c.	à 1 fr. 75 c.	à 2 francs.	à 2 fr. 50 c.	à 3 francs.	à 3 fr. 50 c.	à 4 francs.	à 4 fr. 50 c.	à 5 francs.
F. C	F. C.	F. C.	F. C.	F. C.	F. C.	F. C.	F. C.	F. C.	F. C.	F. C.	F. C	F. C.	F. C.	F. C.
5 56	5 91	6 25	6 60	6 95	8 68	10 41	12 15	13 88	17 35	20 82	24 28	27 75	31 22	34 69
5 65	6 »	6 35	6 70	7 06	8 82	10 58	12 34	14 10	17 62	21 14	24 66	28 18	31 70	35 22
5 72	6 09	6 44	6 80	7 15	8 95	10 73	12 52	14 30	17 88	21 46	25 03	28 60	32 18	35 75
5 81	6 18	6 54	6 92	7 26	9 08	10 89	12 71	14 52	18 14	21 78	25 40	29 03	32 66	36 28
5 90	6 27	6 64	7 01	7 37	9 22	11 05	12 90	14 73	18 42	22 10	25 78	29 46	33 14	36 82
5 99	6 36	6 74	7 11	7 47	9 34	11 21	13 08	14 94	18 68	22 42	26 15	29 88	33 62	37 35
6 07	6 45	6 82	7 21	7 58	9 49	11 38	13 27	15 16	18 95	22 74	26 53	30 31	34 10	37 89
6 15	6 54	6 92	7 31	7 69	9 61	11 53	13 46	15 37	19 21	23 06	26 90	30 74	34 58	38 42
6 24	6 64	7 02	7 42	7 80	9 75	11 70	13 64	15 59	19 49	23 38	27 27	31 17	35 06	38 96
6 33	6 73	7 12	7 51	7 90	9 87	11 85	13 83	15 80	19 75	23 70	27 65	31 60	35 55	39 48
6 41	6 81	7 21	7 62	8 01	10 01	12 02	14 02	16 01	20 01	24 02	28 02	32 01	36 02	40 02
6 49	6 90	7 31	7 72	8 12	10 15	12 17	14 21	16 23	20 28	24 34	28 40	32 44	36 50	40 55
6 58	6 99	7 41	7 83	8 22	10 29	12 34	14 39	16 44	20 55	24 66	28 77	32 87	36 99	41 09
6 67	7 09	7 50	7 91	8 33	10 41	12 49	14 58	16 66	20 82	24 98	29 14	33 30	37 46	41 62
6 76	7 18	7 59	8 02	8 44	10 55	12 65	14 77	16 87	21 08	25 30	29 52	33 73	37 94	42 16
6 84	7 26	7 69	8 12	8 54	10 67	12 81	14 94	17 08	21 34	25 62	29 88	34 15	38 42	42 68
6 92	7 36	7 79	8 22	8 65	10 82	12 97	15 14	17 30	21 62	25 94	30 25	34 58	38 90	43 22
7 01	7 45	7 88	8 32	8 76	10 95	13 14	15 32	17 51	21 88	26 26	30 63	35 01	39 38	43 75
7 10	7 54	7 98	8 43	8 87	11 08	13 29	15 51	17 73	22 15	26 58	31 »	35 44	39 86	44 29
7 18	7 63	8 08	8 53	8 97	11 21	13 46	15 69	17 93	22 41	26 90	31 38	35 86	40 34	44 82
7 26	7 73	8 18	8 63	9 08	11 36	13 61	15 89	18 14	22 69	27 22	31 76	36 28	40 83	45 36
7 35	7 81	8 27	8 73	9 19	11 48	13 78	16 06	18 36	22 95	27 54	32 12	36 71	41 30	45 89
7 44	7 90	8 36	8 84	9 29	11 62	13 93	16 26	18 57	23 21	27 86	32 50	37 14	41 78	46 42
7 52	7 99	8 46	8 93	9 40	11 74	14 10	16 44	18 79	23 48	28 18	32 87	37 57	42 27	46 95
7 61	8 09	8 55	9 04	9 51	11 88	14 25	16 64	19 01	23 75	28 50	33 25	38 »	42 74	47 49
7 69	8 18	8 65	9 13	9 61	12 02	14 41	16 81	19 21	24 02	28 82	33 62	38 42	43 22	48 02
7 78	8 27	8 75	9 24	9 72	12 15	14 58	17 01	19 43	24 28	29 14	33 99	38 85	43 71	48 56
7 86	8 35	8 85	9 33	9 83	12 28	14 73	17 19	19 64	24 55	29 46	34 37	39 27	44 18	49 09
7 95	8 45	8 94	9 44	9 94	12 42	14 90	17 38	19 86	24 82	29 78	34 74	39 70	44 66	49 63
8 03	8 54	9 04	9 54	10 04	12 54	15 05	17 56	20 07	25 08	30 10	35 12	40 13	45 15	50 15
8 12	8 63	9 13	9 64	10 15	12 69	15 22	17 76	20 28	25 35	30 42	35 49	40 55	45 62	50 69
8 20	8 72	9 23	9 74	10 26	12 81	15 37	17 93	20 50	25 61	30 74	35 86	40 98	46 11	51 22

Suite du

DROIT DE DÉTAIL SUR LES QUANTITÉS DE VIN, CIDRE,

Depuis **1** litre jusqu'à **3,000** litres, et depuis

QUANTITÉS DE LITRES.	à 0 fr. 10 c.	à 0 fr. 15 c.	à 0 fr. 20 c.	à 0 fr. 25 c.	à 0 fr. 30 c.	à 0 fr. 35 c.	à 0 fr. 40 c.	à 0 fr. 45 c.	à 0 fr. 50 c.	à 0 fr. 55 c.	à 0 fr. 60 c.	à 0 fr. 65 c.	à 0 fr. 70 c.	à 0 fr. 75 c.
	F. C.	F. C.	F. C.	F. C.	F. C.	F. C.	F. C.	F. C.	F. C.	F. C.	F. C.	F. C.	F. C.	F. C.
97	1 05	1 57	2 08	2 60	3 12	3 63	4 15	4 67	5 19	5 70	6 22	6 75	7 25	7 78
98	1 06	1 58	2 11	2 62	3 15	3 67	4 20	4 71	5 24	5 76	6 29	6 80	7 33	7 85
99	1 07	1 60	2 13	2 66	3 18	3 71	4 24	4 77	5 30	5 82	6 35	6 88	7 41	7 94
100	1 07	1 61	2 14	2 68	3 21	3 74	4 27	4 81	5 34	5 88	6 41	6 95	7 47	8 01
101	1 08	1 63	2 16	2 71	3 24	3 79	4 32	4 87	5 39	5 94	6 47	7 02	7 55	8 10
102	1 09	1 64	2 18	2 73	3 27	3 82	4 36	4 91	5 45	6 »	6 54	7 09	7 63	8 18
103	1 10	1 67	2 20	2 77	3 30	3 87	4 40	4 97	5 50	6 05	6 60	7 15	7 70	8 25
104	1 12	1 68	2 23	2 79	3 34	3 90	4 45	5 »	5 56	6 11	6 67	7 22	7 78	8 33
105	1 13	1 70	2 25	2 82	3 37	3 93	4 49	5 05	5 61	6 18	6 74	7 30	7 85	8 42
106	1 14	1 71	2 27	2 84	3 40	3 96	4 54	5 10	5 67	6 23	6 79	7 36	7 92	8 50
107	1 15	1 73	2 29	2 86	3 44	4 01	4 58	5 15	5 71	6 30	6 86	7 44	8 »	8 57
108	1 16	1 74	2 31	2 89	3 47	4 04	4 62	5 21	5 77	6 35	6 92	7 50	8 08	8 65
109	1 17	1 76	2 34	2 92	3 50	4 09	4 66	5 25	5 82	6 41	6 99	7 57	8 16	8 74
110	1 18	1 78	2 36	2 94	3 54	4 12	4 70	5 30	5 88	6 46	7 06	7 64	8 22	8 82
111	1 19	1 79	2 38	2 97	3 57	4 16	4 75	5 34	5 93	6 53	7 12	7 72	8 30	8 90
112	1 20	1 80	2 40	3 »	3 59	4 20	4 79	5 38	5 99	6 58	7 18	7 78	8 38	8 97
113	1 21	1 82	2 42	3 03	3 62	4 24	4 83	5 44	6 04	6 65	7 24	7 85	8 45	9 06
114	1 23	1 83	2 45	3 05	3 66	4 27	4 88	5 48	6 09	6 70	7 31	7 91	8 53	9 13
115	1 24	1 85	2 47	3 08	3 69	4 31	4 92	5 54	6 14	6 77	7 37	7 99	8 60	9 22
116	1 25	1 86	2 49	3 11	3 72	4 34	4 97	5 58	6 20	6 81	7 44	8 06	8 67	9 29
117	1 26	1 89	2 50	3 14	3 76	4 38	5 »	5 64	6 25	6 88	7 50	8 13	8 75	9 38
118	1 27	1 90	2 52	3 16	3 79	4 42	5 04	5 68	6 31	6 93	7 56	8 19	8 83	9 45
119	1 28	1 92	2 55	3 19	3 82	4 46	5 09	5 72	6 36	7 »	7 63	8 27	8 90	9 54
120	1 29	1 93	2 58	3 21	3 85	4 49	5 13	5 77	6 41	7 06	7 69	8 33	8 97	9 61
121	1 30	1 95	2 59	3 24	3 89	4 54	5 17	5 82	6 46	7 12	7 76	8 41	9 05	9 70
122	1 31	1 96	2 61	3 26	3 92	4 56	5 22	5 87	6 52	7 17	7 83	8 47	9 12	9 77
123	1 32	1 98	2 63	3 29	3 94	4 61	5 26	5 92	6 57	7 23	7 88	8 54	9 20	9 86
124	1 34	2 »	2 66	3 32	3 98	4 64	5 31	5 97	6 61	7 29	7 95	8 61	9 27	9 94
125	1 35	2 02	2 68	3 35	4 01	4 68	5 34	6 02	6 68	7 35	8 01	8 67	9 34	10 01
126	1 36	2 03	2 70	3 37	4 04	4 71	5 38	6 05	6 74	7 41	8 08	8 75	9 42	10 09
127	1 37	2 05	2 72	3 40	4 07	4 76	5 43	6 11	6 78	7 47	8 14	8 83	9 50	10 18
128	1 38	2 06	2 74	3 43	4 11	4 79	5 47	6 15	6 84	7 52	8 20	8 89	9 57	10 26

4e Tableau.

POIRÉ ET HYDROMEL VENDUS CHEZ LES DÉBITANTS.

le prix de **10** centimes le litre jusqu'à **5** fr.

à 0 fr. 80 c. (F. C.)	à 0 fr. 85 c. (F. C.)	à 0 fr. 90 c. (F. C.)	à 0 fr. 95 c. (F. C.)	à 1 franc. (F. C.)	à 1 fr. 25 c. (F. C.)	à 1 fr. 50 c. (F. C.)	à 1 fr. 75 c. (F. C.)	à 2 francs. (F. C.)	à 2 fr. 50 c. (F. C.)	à 3 francs. (F. C.)	à 3 fr. 50 c. (F. C.)	à 4 francs. (F. C.)	à 4 fr. 50 c. (F. C.)	à 5 francs. (F. C.)
8 29	8 82	9 32	9 85	10 36	12 95	15 54	18 13	20 71	25 89	31 06	36 24	41 41	46 59	51 76
8 38	8 90	9 42	9 95	10 47	13 08	15 69	18 31	20 93	26 15	31 38	36 61	41 84	47 06	52 29
8 46	8 99	9 52	10 05	10 58	13 22	15 86	18 51	21 14	26 42	31 70	36 99	42 27	47 55	52 83
8 54	9 08	9 61	10 15	10 67	13 35	16 01	18 68	21 34	26 68	32 01	37 35	42 68	48 02	53 35
8 63	9 18	9 71	10 26	10 78	13 49	16 17	18 87	21 56	26 95	32 34	37 72	43 11	48 50	53 89
8 72	9 26	9 81	10 34	10 89	13 61	16 34	19 06	21 77	27 22	32 66	38 10	43 54	48 99	54 42
8 80	9 35	9 90	10 45	11 »	13 73	16 49	19 24	21 99	27 48	32 98	38 47	43 97	49 46	54 96
8 89	9 44	9 99	10 55	11 10	13 88	16 66	19 43	22 20	27 75	33 30	38 85	44 40	49 94	55 49
8 98	9 54	10 09	10 66	11 21	14 02	16 81	19 62	22 41	28 02	33 62	39 22	44 82	50 43	56 03
9 06	9 62	10 19	10 75	11 32	14 15	16 98	19 80	22 63	28 29	33 94	39 59	45 25	50 90	56 56
9 15	9 72	10 29	10 86	11 42	14 28	17 13	19 99	22 84	28 55	34 26	39 97	45 68	51 39	57 09
9 23	9 81	10 38	10 96	11 53	14 41	17 30	20 18	23 06	28 81	34 58	40 34	46 11	51 87	57 62
9 31	9 90	10 48	11 06	11 64	14 56	17 46	20 37	23 27	29 09	34 90	40 72	46 53	52 34	58 16
9 40	9 99	10 58	11 16	11 74	14 68	17 62	20 55	23 48	29 35	35 22	41 09	46 95	52 83	58 69
9 49	10 08	10 67	11 27	11 85	14 82	17 78	20 74	23 70	29 62	35 54	41 46	47 38	53 31	59 23
9 57	10 17	10 76	11 37	11 96	14 94	17 93	20 93	23 91	29 88	35 86	41 84	47 81	53 78	59 76
9 65	10 27	10 86	11 47	12 07	15 09	18 10	21 11	24 13	30 16	36 18	42 21	48 24	54 27	60 30
9 74	10 34	10 96	11 57	12 17	15 22	18 25	21 30	24 34	30 42	36 50	42 59	48 67	54 75	60 82
9 83	10 44	11 05	11 68	12 28	15 35	18 42	21 49	24 55	30 68	36 82	42 96	49 09	55 22	61 36
9 92	10 53	11 15	11 76	12 39	15 48	18 57	21 67	24 77	30 95	37 14	43 33	49 52	55 71	61 89
9 99	10 63	11 25	11 87	12 49	15 62	18 74	21 85	24 97	31 22	37 46	43 71	49 94	56 19	62 43
10 08	10 71	11 35	11 97	12 60	15 75	18 89	22 05	25 19	31 49	37 78	44 08	50 37	56 67	62 96
10 17	10 81	11 43	12 08	12 71	15 89	19 06	22 24	25 40	31 75	38 10	44 46	50 80	57 15	63 50
10 26	10 89	11 53	12 17	12 81	16 01	19 21	22 41	25 61	32 01	38 42	44 82	51 22	57 62	64 02
10 33	10 99	11 63	12 28	12 92	16 15	19 38	22 61	25 83	32 29	38 75	45 19	51 65	58 11	64 57
10 42	11 07	11 73	12 38	13 03	16 28	19 54	22 79	26 04	32 55	39 07	45 57	52 08	58 59	65 09
10 51	11 17	11 82	12 49	13 14	16 42	19 69	22 98	26 26	32 82	39 38	45 94	52 51	59 06	65 63
10 60	11 26	11 92	12 58	13 24	16 56	19 86	23 16	26 47	33 08	39 70	46 31	52 94	59 55	66 16
10 67	11 36	12 02	12 69	13 35	16 69	20 01	23 36	26 68	33 36	40 02	46 69	53 35	60 03	66 70
10 76	11 43	12 10	12 79	13 46	16 81	20 18	23 53	26 90	33 62	40 34	47 06	53 78	60 50	67 23
10 85	11 53	12 20	12 86	13 56	16 96	20 33	23 73	27 11	33 88	40 66	47 44	54 21	60 99	67 76
10 94	11 62	12 30	12 98	13 67	17 08	20 50	23 91	27 33	34 15	40 98	47 81	54 64	61 47	68 29

Suite du

DROIT DE DÉTAIL SUR LES QUANTITÉS DE VIN, CIDRE,

Depuis **1** litre jusqu'à **3,000** litres, et depuis

QUANTITÉS DE LITRES.	à 0 fr. 10 c.	à 0 fr. 15 c.	à 0 fr. 20 c.	à 0 fr. 25 c.	à 0 fr. 30 c.	à 0 fr. 35 c.	à 0 fr. 40 c.	à 0 fr. 45 c.	à 0 fr. 50 c.	à 0 fr. 55 c.	à 0 fr. 60 c.	à 0 fr. 65 c.	à 0 fr. 70 c.	à 0 fr. 75 c.
	F. C.	F. C.	F. C.	F. C.	F. C.	F. C.	F. C.	F. C.	F. C.	F. C.	F. C.	F. C.	F. C.	F. C.
129	1 39	2 08	2 77	3 46	4 14	4 83	5 52	6 21	6 89	7 58	8 27	8 96	9 66	10 33
130	1 40	2 09	2 79	3 48	4 17	4 87	5 56	6 25	6 95	7 64	8 33	9 02	9 72	10 41
131	1 41	2 12	2 81	3 51	4 21	4 91	4 60	6 31	7 »	7 70	8 40	9 10	9 79	10 50
132	1 42	2 13	2 83	3 54	4 24	4 94	4 65	6 35	7 06	7 76	8 46	9 17	9 87	10 58
133	1 43	2 14	2 85	3 57	4 27	4 99	4 68	6 41	7 11	7 83	8 53	9 24	9 95	10 66
134	1 43	2 15	2 86	3 58	4 29	5 01	4 72	6 44	7 15	7 87	8 58	9 30	10 01	10 73
135	1 45	2 17	2 89	3 61	4 33	5 05	4 77	6 49	7 21	7 94	8 65	9 38	10 09	10 82
136	1 46	2 18	2 91	3 63	4 36	5 09	4 81	6 54	7 26	7 99	8 72	9 44	10 17	10 89
137	1 47	2 20	2 93	3 67	4 39	5 13	4 86	6 59	7 32	8 06	8 78	9 52	10 25	10 98
138	1 48	2 22	2 95	3 69	4 43	5 16	4 90	6 64	7 37	8 11	8 85	9 59	10 32	11 05
139	1 49	2 24	2 97	3 72	4 46	5 21	4 94	6 69	7 43	8 18	8 91	9 65	10 39	11 14
140	1 50	2 25	3 01	3 74	4 49	5 24	4 99	6 74	7 47	8 22	8 97	9 72	10 47	11 21
141	1 51	2 27	3 02	3 78	4 53	5 28	6 03	6 78	7 53	8 29	9 04	9 79	10 54	11 30
142	1 52	2 28	3 04	3 81	4 56	5 32	6 07	6 82	7 58	8 3[illegible]	9 10	9 86	10 62	11 38
143	1 52	2 30	3 06	3 83	4 59	5 35	6 11	6 88	7 64	8 41	9 17	9 94	10 69	11 44
144	1 54	2 31	3 08	3 85	4 62	5 38	6 15	6 92	7 69	8 46	9 23	9 99	10 76	11 53
145	1 56	2 34	3 11	3 89	4 65	5 43	6 20	6 98	7 75	8 53	9 29	10 07	10 84	11 62
146	1 57	2 35	3 13	3 91	4 68	5 46	6 24	7 02	7 80	8 57	9 35	10 14	10 92	11 70
147	1 58	2 37	3 15	3 93	4 71	5 50	6 29	7 08	7 85	8 64	9 42	10 21	10 99	11 77
148	1 59	2 38	3 17	3 95	4 75	5 54	6 33	7 12	7 90	8 69	7 49	10 28	11 06	11 85
149	1 60	2 40	3 19	2 99	4 78	5 58	6 37	7 17	7 96	8 76	9 55	10 34	11 14	11 94
150	1 61	2 41	3 21	4 01	4 81	5 61	6 41	7 21	8 01	8 82	9 61	10 41	11 21	12 02
151	1 62	2 44	3 23	4 04	4 84	5 66	6 45	7 26	8 07	8 88	9 67	10 49	11 29	12 10
152	1 63	2 45	3 25	4 06	4 88	5 69	6 49	7 31	8 12	8 93	9 74	10 55	11 37	12 17
153	1 64	2 46	3 28	4 10	4 91	5 72	6 54	7 36	8 18	8 99	9 81	10 63	11 43	12 26
154	1 65	2 48	3 29	4 12	4 94	5 76	6 58	7 41	8 22	9 05	9 87	10 69	11 51	12 34
155	1 67	2 50	3 32	4 15	4 98	5 80	6 63	7 46	8 28	9 11	9 94	10 76	11 59	12 42
156	1 68	2 50	3 34	4 17	5 »	5 83	6 67	7 50	8 33	9 17	9 99	10 83	11 66	12 49
157	1 69	2 52	3 36	4 21	5 03	5 88	6 71	7 55	8 39	9 23	10 06	10 91	11 74	12 58
158	1 70	2 53	3 38	4 23	5 06	5 91	6 76	7 59	8 44	9 29	10 12	10 97	11 81	12 65
159	1 71	2 56	3 40	4 26	5 10	5 96	6 79	7 65	8 50	9 34	10 19	11 04	11 88	12 74
160	1 72	2 57	3 43	4 27	5 13	5 99	6 84	7 69	8 54	9 40	10 26	11 10	11 96	12 81

4e Tableau.

POIRÉ ET HYDROMEL VENDUS CHEZ LES DÉBITANTS.

le prix de **10** centimes le litre jusqu'à **5** fr.

à 0 fr. 80 c.	à 0 fr. 85 c.	à 0 fr. 90 c.	à 0 fr. 95 c.	à 1 franc.	à 1 fr. 25 c.	à 1 fr. 50 c.	à 1 fr. 75 c.	à 2 francs.	à 2 fr. 50 c.	à 3 francs.	à 3 fr. 50 c.	à 4 francs.	à 4 fr. 50 c.	à 5 francs.
F. C.	F. C.	F. C.	F. C.	F. C.	F. C.	F. C.	F. C.	F. C.	F. C.	F. C.	F. C.	F. C.	F. C.	F. C.
11 03	11 72	12 40	13 09	13 78	17 22	20 65	24 11	27 55	34 42	41 30	48 18	55 07	61 95	68 83
11 10	11 80	12 49	13 18	13 88	17 35	20 82	24 28	27 75	34 69	41 62	48 56	55 49	62 43	69 36
11 19	11 90	12 59	13 29	13 99	17 48	20 98	24 48	27 97	34 95	41 95	48 93	55 92	62 91	69 90
11 28	11 98	12 69	13 39	14 10	17 62	21 14	24 66	28 18	35 22	42 27	49 31	56 35	63 39	70 43
11 37	12 08	12 79	13 50	14 21	17 76	21 30	24 85	28 40	35 49	42 59	49 68	56 78	63 87	70 97
11 44	12 16	12 87	13 59	14 30	17 88	21 45	25 03	28 60	35 75	42 91	50 05	57 20	64 35	71 49
11 53	12 26	12 97	13 70	14 41	18 02	21 62	25 23	28 81	36 02	43 23	50 43	57 62	64 83	72 03
11 62	12 35	13 07	13 80	14 52	18 14	21 77	25 40	29 03	36 28	43 55	50 80	58 05	65 31	72 56
11 71	12 45	13 17	13 90	14 62	18 29	21 94	25 60	29 24	36 56	43 87	51 18	58 48	65 80	73 10
11 79	12 52	13 26	14 »	14 73	18 42	22 09	25 78	29 46	36 82	44 19	51 55	58 91	66 27	73 63
11 87	12 62	13 36	14 11	14 84	18 55	22 26	25 98	29 67	37 09	44 51	51 92	59 34	66 75	74 17
11 96	12 71	13 46	14 21	14 94	18 68	22 41	26 15	29 88	37 35	44 83	52 29	59 76	67 23	74 69
12 05	12 81	13 55	14 30	15 05	18 83	22 58	26 34	30 10	37 62	45 15	52 66	60 19	67 71	75 23
12 13	12 89	13 64	14 40	15 16	18 95	22 74	26 53	30 31	37 89	45 47	53 04	60 61	68 19	75 76
12 21	12 98	13 74	14 51	15 27	19 09	22 90	26 71	30 53	38 15	45 79	53 41	61 04	68 67	76 30
12 30	13 07	13 84	14 60	15 37	19 21	23 06	26 90	30 74	38 42	46 11	53 78	61 47	69 15	76 83
12 39	13 17	13 93	14 71	15 48	19 35	23 21	27 09	30 95	38 69	46 42	54 16	61 89	69 63	77 37
12 47	13 25	14 02	14 81	15 59	19 49	23 38	27 27	31 17	38 96	46 74	54 53	62 32	70 11	77 90
12 56	13 35	14 13	14 92	15 69	19 61	23 53	27 46	31 38	39 22	47 06	54 91	62 75	70 59	78 43
12 64	13 44	14 23	15 01	15 80	19 75	23 70	27 65	31 60	39 48	47 38	55 28	63 18	71 08	78 96
12 73	13 52	14 32	15 12	15 91	19 89	23 85	27 83	31 81	39 76	47 70	55 65	63 61	71 55	79 50
12 81	13 61	14 41	15 22	16 01	20 01	24 02	28 02	32 01	40 02	48 02	56 03	64 02	72 03	80 03
12 90	13 71	14 51	15 32	16 12	20 16	24 18	28 21	32 23	40 29	48 35	56 40	64 45	72 52	80 57
12 98	13 80	14 60	15 42	16 23	20 28	24 34	28 40	32 44	40 55	48 67	56 78	64 88	72 99	81 10
13 07	13 89	14 70	15 53	16 34	20 42	24 50	28 58	32 66	40 83	48 99	57 15	65 31	73 47	81 64
13 16	13 97	14 80	15 62	16 44	20 55	24 66	28 77	32 87	41 09	49 31	57 52	65 74	73 96	82 16
13 24	14 07	14 90	15 72	16 55	20 68	24 82	28 96	33 08	41 35	40 63	57 90	66 16	74 43	82 70
13 33	14 16	14 99	15 82	16 66	20 82	24 97	29 14	33 30	41 62	49 95	58 27	66 59	74 91	82 23
13 41	14 25	15 09	15 93	16 76	20 96	25 14	29 33	33 51	41 89	50 27	58 65	67 02	75 40	83 77
13 50	14 34	15 18	16 02	16 87	21 08	25 29	29 52	33 73	42 16	50 59	59 02	67 45	75 87	84 30
13 58	14 41	15 28	16 13	16 98	21 22	25 46	29 70	33 94	42 43	50 91	59 39	67 87	76 36	84 84
13 67	14 52	15 37	16 23	17 08	21 34	25 61	29 88	34 15	42 68	51 23	59 77	68 29	76 83	85 36

Suite du

DROIT DE DÉTAIL SUR LES QUANTITÉS DE VIN, CIDRE,

Depuis **1** litre jusqu'à **3,000** litres, et depuis

QUANTITÉS DE LITRES.	à 0 fr. 10 c.	à 0 fr. 15 c.	à 0 fr. 20 c.	à 0 fr. 25 c.	à 0 fr. 30 c.	à 0 fr. 35 c.	à 0 fr. 40 c.	à 0 fr. 45 c.	à 0 fr. 50 c.	à 0 fr. 55 c.	à 0 fr. 60 c.	à 0 fr. 65 c.	à 0 fr. 70 c.	à 0 fr. 75 c.
	F. C.	F. C.	F. C.	F. C.	F. C.	F. C.	F. C.	F. C.	F. C.	F. C.	F. C.	F. C.	F. C.	F. C.
161	1 72	2 59	3 46	4 31	5 16	6 03	6 88	7 75	8 60	9 46	10 32	11 18	12 04	12 90
162	1 74	2 60	3 47	4 33	5 20	6 05	6 92	7 79	8 65	9 52	10 38	11 25	12 10	12 97
163	1 75	2 62	3 49	4 36	5 23	6 10	6 97	7 84	8 71	9 59	10 44	11 32	12 18	13 06
164	1 76	2 63	3 50	4 38	5 26	6 13	7 01	7 88	8 76	9 63	10 51	11 39	12 26	13 14
165	1 78	2 66	3 54	4 42	5 30	6 18	7 06	7 94	8 82	9 70	10 58	11 46	12 34	13 22
166	1 79	2 67	3 56	4 44	5 33	6 21	7 10	7 98	8 87	9 75	10 64	11 52	12 41	13 29
167	1 79	2 69	3 57	4 47	5 35	6 25	7 13	8 03	8 91	9 82	10 70	11 60	12 48	13 38
168	1 80	2 70	3 59	4 49	5 38	6 29	7 18	8 08	8 97	9 87	10 74	11 66	12 56	13 46
169	1 81	2 72	3 61	4 53	5 42	6 33	7 22	8 13	9 02	9 94	10 83	11 74	12 63	13 53
170	1 82	2 73	3 63	4 55	5 45	6 36	7 26	8 18	9 08	9 98	10 89	11 80	12 71	13 61
171	1 83	2 75	3 66	4 57	5 48	6 41	7 31	8 22	9 13	10 05	10 96	11 87	12 79	13 70
172	1 84	2 77	3 68	4 59	5 52	6 45	7 35	8 26	9 18	10 11	11 02	11 94	12 86	13 77
173	1 85	2 79	3 70	4 62	5 55	6 47	7 40	8 31	9 24	10 17	11 09	12 02	12 93	13 85
174	1 86	2 80	3 72	4 65	5 58	6 50	7 44	8 36	9 29	10 22	11 15	12 09	13 01	13 93
175	1 87	2 82	3 74	4 68	5 61	6 54	7 47	8 40	9 34	10 27	11 21	12 16	13 08	14 02
176	1 88	2 83	3 77	4 70	5 65	6 58	7 51	8 4[illegible]	9 40	10 34	11 28	12 23	13 15	14 10
177	1 90	2 85	3 79	4 73	5 68	6 63	7 56	8 51	9 45	10 40	11 34	12 29	13 21	14 18
178	1 91	2 86	3 81	4 76	5 72	6 66	7 60	8 55	9 50	10 46	11 40	12 36	13 30	14 26
179	1 92	2 88	3 83	4 78	5 75	6 70	7 65	8 60	9 56	10 52	11 47	12 43	13 38	14 34
180	1 93	2 89	3 85	4 81	5 77	6 74	7 69	8 65	9 61	10 58	11 53	12 50	13 46	14 41
181	1 94	2 91	3 88	4 84	5 80	6 77	7 74	8 70	9 66	10 64	11 60	12 57	13 53	14 50
182	1 95	2 92	3 90	4 86	5 83	6 80	7 78	8 75	9 71	10 70	11 66	12 63	13 60	14 58
183	1 96	2 94	3 92	4 90	5 87	6 83	7 83	8 79	9 77	10 75	11 73	12 70	13 68	14 67
184	1 97	2 95	3 94	4 92	5 90	6 87	7 86	8 84	9 82	10 81	11 79	12 77	13 75	14 74
185	1 98	2 97	3 95	4 94	5 93	6 92	7 90	8 89	9 87	10 86	11 86	12 83	13 83	14 82
186	2 »	2 99	3 98	4 98	5 96	6 96	7 95	8 94	9 92	10 92	11 93	12 01	13 00	14 00
187	2 01	3 01	4 »	5 »	6 »	7 »	7 99	8 99	9 98	10 99	11 98	12 98	13 97	14 97
188	2 02	3 02	4 02	5 02	6 03	7 03	8 03	9 04	10 03	11 05	12 04	13 05	14 06	15 05
189	2 03	3 03	4 04	5 05	6 07	7 07	8 08	9 09	10 09	11 10	12 11	13 12	14 14	15 14
190	2 04	3 05	4 06	5 08	6 10	7 11	8 12	9 13	10 15	11 16	12 17	13 18	14 21	15 22
191	2 05	3 07	4 08	5 10	6 12	7 14	8 17	9 18	10 20	11 21	12 24	13 25	14 29	15 31
192	2 06	3 09	4 11	5 13	6 15	7 18	8 20	9 23	10 2[illegible]	11 27	12 3[illegible]	13 31	14 36	15 40

e Tableau.

POIRÉ ET HYDROMEL VENDUS CHEZ LES DÉBITANTS.

e prix de **10** centimes le litre jusqu'à **5** fr.

à **0** fr. **80** c.	à **0** fr. **85** c.	à **0** fr. **90** c.	à **0** fr. **95** c.	à **1** franc.	à **1** fr. **25** c.	à **1** fr. **50** c.	à **1** fr. **75** c.	à **2** francs.	à **2** fr. **50** c.	à **3** francs.	à **3** fr. **50** c.	à **4** francs.	à **4** fr. **50** c.	à **5** francs.
F. C.	F. C	F. C	F. C.	F. C.	F. C.	F. C.	F. C.	F. C.	F. C.	F. C.	F. C.	F. C.	F. C	F. C
13 75	14 61	15 47	16 34	17 19	21 49	25 78	30 08	34 37	42 96	51 55	60 13	68 72	77 31	85 90
13 84	14 70	15 57	16 43	17 30	21 62	25 94	30 25	34 58	43 22	51 87	60 50	69 15	77 78	86 43
13 92	14 80	15 66	16 54	17 41	21 75	26 10	30 45	34 80	43 49	52 19	60 88	69 58	78 27	86 97
14 01	14 89	15 76	16 65	17 52	21 88	26 26	30 63	35 01	43 75	52 51	61 25	70 01	78 75	87 50
14 10	14 98	15 86	16 74	17 62	22 03	26 42	30 83	35 22	44 03	52 83	61 63	70 43	79 24	88 04
14 18	15 06	15 95	16 83	17 73	22 15	26 58	31 »	35 44	44 29	53 15	62 »	70 86	79 71	88 57
14 26	15 16	16 04	16 94	17 82	22 29	26 73	31 20	35 64	44 55	53 46	62 37	71 28	80 19	89 10
14 35	15 25	16 14	17 04	17 93	22 41	26 90	31 38	35 86	44 82	53 78	62 75	71 71	80 68	89 63
14 44	15 34	16 24	17 14	18 04	22 55	27 05	31 57	36 07	45 09	54 10	63 12	72 14	81 15	90 17
14 52	15 43	16 34	17 24	18 14	22 69	27 22	31 75	36 28	45 36	54 42	63 50	72 56	81 64	90 70
14 60	15 53	16 43	17 35	18 25	22 82	27 38	31 95	36 50	45 62	54 75	63 87	72 99	82 12	91 24
14 68	15 62	16 53	17 45	18 36	22 95	27 54	32 12	36 71	45 89	55 07	64 24	73 42	82 59	91 77
14 76	15 71	16 62	17 56	18 47	23 09	27 70	32 32	36 93	46 16	55 39	64 62	73 85	83 08	92 31
14 83	15 79	16 72	17 65	18 57	23 21	27 86	32 50	37 14	46 42	55 71	64 99	74 28	83 56	92 83
14 92	15 88	16 81	17 75	18 68	23 36	28 02	32 70	37 35	46 69	56 03	65 37	74 69	84 03	93 37
15 03	15 98	16 90	17 84	18 79	23 48	28 18	32 87	37 57	46 95	56 35	65 74	75 12	84 52	93 90
15 11	16 07	17 01	17 96	18 89	23 62	28 33	33 07	37 78	47 23	56 67	66 11	75 55	85 »	94 44
15 20	16 17	17 10	18 06	19 »	23 75	28 49	33 25	38 »	47 49	56 98	66 49	75 98	85 47	94 97
15 29	16 26	17 20	18 16	19 11	23 89	28 66	33 44	38 21	47 76	57 30	66 86	76 41	85 96	95 51
15 37	16 34	17 30	18 25	19 21	24 02	28 81	33 62	38 42	48 02	57 62	67 23	76 83	86 43	96 03
15 46	16 43	17 40	18 36	19 32	24 16	28 98	33 81	38 64	48 29	57 95	67 60	77 26	86 92	96 57
15 55	16 52	17 49	18 46	19 43	24 28	29 14	33 99	38 86	48 56	58 27	67 97	77 69	87 40	97 10
15 64	16 62	17 58	18 57	19 54	24 42	29 30	34 18	39 07	48 82	58 59	68 35	78 12	87 88	97 64
15 71	16 71	17 68	18 67	19 64	24 55	29 46	34 37	39 27	49 09	58 91	68 72	78 54	88 36	98 17
15 80	16 80	17 78	18 77	19 75	24 69	29 62	34 56	39 48	49 36	59 23	69 10	78 96	88 84	98 71
15 89	16 88	17 87	18 87	19 86	24 82	29 78	34 74	39 70	49 63	59 55	69 47	79 39	89 31	99 24
15 98	16 97	17 97	18 97	19 96	24 95	29 94	34 93	39 91	49 89	59 87	69 84	79 82	89 80	99 77
16 05	17 07	18 06	19 07	20 07	25 08	30 10	35 12	40 13	50 15	60 19	70 22	80 25	90 28	100 30
16 14	17 16	18 16	19 17	20 18	25 23	30 25	35 30	40 34	50 43	60 51	70 59	80 68	90 75	100 84
16 23	17 26	18 25	19 27	20 28	25 35	30 42	35 49	40 55	50 69	60 83	70 97	81 10	91 24	101 37
16 32	17 34	18 35	19 38	20 39	25 49	30 58	35 68	40 77	50 96	61 15	71 34	81 53	91 72	101 91
16 40	17 42	18 44	19 48	20 50	25 61	30 74	35 86	40 98	51 22	61 47	71 71	81 95	92 20	102 44

Suite du

DROIT DE DÉTAIL SUR LES QUANTITÉS DE VIN, CIDRE,

Depuis 1 litre jusqu'à 3,000 litres, et depuis

QUANTITÉS DE LITRES.	à 0 fr. 10 c.	à 0 fr. 15 c.	à 0 fr. 20 c.	à 0 fr. 25 c.	à 0 fr. 30 c.	à 0 fr. 35 c.	à 0 fr. 40 c.	à 0 fr. 45 c.	à 0 fr. 50 c.	à 0 fr. 55 c.	à 0 fr. 60 c.	à 0 fr. 65 c.	à 0 fr. 70 c.	à 0 fr. 75 c.
	F. C.	F. C.	F. C.	F. C.	F. C.	F. C.	F. C.	F. C.	F. C.	F. C.	F. C.	F. C.	F. C.	F. C.
193	2 07	3 11	4 13	5 16	6 19	7 22	8 24	9 28	10 31	11 32	12 37	13 40	14 43	15 48
194	2 08	3 12	4 15	5 19	6 22	7 25	8 29	9 34	10 37	11 39	12 43	13 47	14 50	15 56
195	2 09	3 14	4 17	5 22	6 25	7 30	8 33	9 38	10 42	11 45	12 50	13 54	14 57	15 64
196	2 11	3 15	4 19	5 24	6 28	7 33	8 38	9 43	10 48	11 52	12 56	13 60	14 65	15 71
197	2 12	3 17	4 22	5 27	6 32	7 37	8 42	9 47	10 52	11 58	12 62	13 67	14 72	15 78
198	2 13	3 18	4 24	5 30	6 35	7 40	8 46	9 52	10 57	11 63	12 68	13 74	14 80	15 86
199	2 14	3 20	4 26	5 33	6 38	7 45	8 51	9 57	10 63	11 68	12 75	13 81	14 88	15 94
200	2 14	3 21	4 27	5 34	6 41	7 47	8 55	9 61	10 67	11 74	12 81	13 89	14 94	16 01
201	2 15	3 23	4 29	5 37	6 44	7 52	8 58	9 66	10 73	11 81	12 87	13 95	15 02	16 10
202	2 16	3 24	4 32	5 39	6 47	7 55	8 63	9 71	10 78	11 86	12 94	14 02	15 10	16 17
203	2 17	3 26	4 34	5 41	6 51	7 59	8 69	9 77	10 84	11 92	13 01	14 10	15 17	16 26
204	2 18	3 27	4 35	5 45	6 54	7 63	8 72	9 82	10 89	11 98	13 07	14 17	15 23	16 34
205	2 19	3 29	4 38	5 47	6 57	7 68	8 76	9 86	10 95	12 03	13 14	14 23	15 30	16 41
206	2 20	3 30	4 40	5 50	6 60	7 72	8 80	9 90	11 »	12 10	13 19	14 30	15 39	16 49
207	2 21	3 31	4 43	5 54	6 64	7 75	8 85	9 96	11 05	12 16	13 26	14 37	15 47	16 58
208	2 22	3 33	4 45	5 56	6 67	7 79	8 89	9 99	11 10	12 21	13 33	14 44	15 55	16 66
209	2 24	3 35	4 47	5 59	6 70	7 83	8 93	10 05	11 16	12 28	13 39	14 51	15 62	16 74
210	2 25	3 37	4 49	5 61	6 74	7 85	8 97	10 09	11 22	12 34	13 46	14 58	15 69	16 81
211	2 26	3 39	4 51	5 65	6 77	7 89	9 01	10 15	11 27	12 40	13 52	14 66	15 77	16 90
212	2 27	3 41	4 54	5 68	6 79	7 92	9 06	10 19	11 32	12 45	13 58	14 71	15 84	16 97
213	2 28	3 43	4 56	5 70	6 82	7 97	9 10	10 24	11 38	12 51	13 64	14 78	15 92	17 07
214	2 29	3 45	4 58	5 71	6 86	8 »	9 14	10 29	11 43	12 57	13 71	14 85	16 »	17 16
215	2 30	3 46	4 60	5 75	6 89	8 05	9 19	10 33	11 49	12 63	13 78	14 93	16 06	17 24
216	2 31	3 48	4 62	5 77	6 92	8 08	9 23	10 38	11 53	12 69	13 84	14 99	16 14	17 30
217	2 32	3 49	4 64	5 80	6 96	8 12	9 28	10 43	11 58	12 76	13 91	15 06	16 22	17 38
218	2 34	3 50	4 66	5 82	6 99	8 16	9 31	10 49	11 64	12 81	13 96	15 13	16 30	17 45
219	2 35	3 52	4 68	5 86	7 02	8 19	9 35	10 53	11 70	12 87	14 03	15 21	16 38	17 54
220	2 36	3 54	4 70	5 88	7 06	8 22	9 40	10 58	11 74	12 92	14 10	15 27	16 44	17 62
221	2 37	3 56	4 72	5 91	7 09	8 27	9 44	10 63	11 80	12 98	14 16	15 34	16 52	17 70
222	2 38	3 57	4 75	5 93	7 12	8 30	9 48	10 67	11 86	13 04	14 22	15 40	16 59	17 78
223	2 39	3 58	4 77	5 95	7 16	8 34	9 52	10 72	11 92	13 10	14 30	15 47	16 68	17 86
224	2 40	3 59	4 79	5 99	7 19	8 37	9 57	10 76	11 97	13 15	14 36	15 55	16 75	17 93

…e Tableau.

…OIRÉ ET HYDROMEL VENDUS CHEZ LES DÉBITANTS.

… prix de **10** centimes le litre jusqu'à **5** fr.

à 0 fr. 80 c.	à 0 fr. 85 c.	à 0 fr. 90 c.	à 0 fr. 95 c.	à 1 franc	à 1 fr. 25 c.	à 1 fr. 50 c.	à 1 fr. 75 c.	à 2 francs	à 2 fr. 50 c.	à 3 francs	à 3 fr. 50 c.	à 4 francs	à 4 fr. 50 c.	à 5 francs
F. C.	F. C.	F. C.	F. C.	F. C.	F. C.	F. C.	F. C.	F. C.	F. C.	F. C.	F. C.	F. C.	F. C.	F. C.
16 49	17 51	18 54	19 57	20 61	25 76	30 90	36 03	41 20	[illegible]	61 79	72 09	82 38	92 68	102 98
16 57	17 66	18 63	19 67	20 71	25 89	31 06	36 24	41 41	51 76	62 11	72 46	82 81	93 16	103 50
16 66	17 70	18 73	19 78	20 82	26 02	31 21	36 43	41 62	52 02	62 43	72 84	83 22	93 64	104 04
16 74	17 79	18 84	19 88	20 93	26 15	31 38	36 61	41 84	52 29	62 75	73 21	83 66	94 42	104 57
16 83	17 88	18 93	19 98	21 03	26 29	31 54	36 80	42 05	52 56	63 07	73 58	84 09	94 60	105 11
16 92	17 98	19 03	20 09	21 14	26 42	31 70	36 99	42 27	52 83	63 39	73 96	84 52	95 08	105 64
17 »	18 06	19 12	20 19	21 25	26 55	31 86	37 17	42 48	53 09	63 71	74 33	84 95	95 56	106 18
17 08	18 14	19 21	20 28	21 34	26 68	32 01	37 35	42 68	53 35	64 02	74 69	85 36	96 03	106 70
17 16	18 24	19 31	20 39	21 45	26 82	32 18	37 55	42 90	53 63	64 35	75 07	85 79	96 52	107 24
17 25	18 33	19 41	20 49	21 56	26 95	32 34	37 72	43 11	53 89	64 67	75 44	86 22	97 »	107 77
17 34	18 43	19 51	20 60	21 66	27 09	32 50	37 92	43 33	54 16	64 99	75 82	86 65	97 48	108 31
17 43	18 51	19 60	20 69	21 77	27 22	32 66	38 10	43 54	54 42	65 31	76 19	87 08	97 96	108 84
17 51	18 60	19 69	20 79	21 88	27 36	32 82	38 30	43 75	54 70	65 63	76 56	87 50	98 44	109 38
17 59	18 69	19 79	20 89	21 99	27 48	32 98	38 47	43 97	54 96	65 95	76 94	87 93	98 92	109 91
17 68	18 79	19 89	20 98	22 09	27 63	33 14	38 67	44 18	55 22	66 27	77 31	88 36	99 40	110 44
17 77	18 87	19 98	21 09	22 19	27 75	33 30	38 85	44 40	55 49	66 59	77 69	88 79	99 88	110 97
17 85	18 97	20 08	21 20	22 30	27 87	33 46	39 04	44 61	55 76	66 91	78 06	89 22	100 36	111 51
17 93	19 06	20 18	21 30	22 41	28 02	33 63	39 22	44 82	56 03	67 23	78 43	89 63	100 84	112 04
18 02	19 16	20 28	21 39	22 52	28 15	33 79	39 42	45 04	56 29	67 55	78 81	90 06	101 33	112 58
18 11	19 23	20 37	21 50	22 63	28 29	33 94	39 59	45 25	56 56	67 87	79 18	90 49	101 80	113 11
18 20	19 32	20 46	21 61	22 73	28 43	34 10	39 79	45 47	56 83	68 19	79 56	90 92	102 28	113 65
18 28	19 42	20 56	21 71	22 84	28 55	34 26	39 97	45 68	57 09	68 51	79 93	91 35	102 77	114 17
18 36	19 52	20 65	21 81	22 95	28 69	34 42	40 17	45 89	57 36	68 83	80 30	91 77	103 24	114 71
18 45	19 60	20 75	21 91	23 06	28 81	34 58	40 34	46 11	57 62	69 15	80 68	92 20	103 72	115 24
18 53	19 69	20 85	22 02	23 16	28 96	34 74	40 54	46 31	57 90	69 47	81 05	92 62	104 21	115 78
18 62	19 78	20 95	22 12	23 27	29 09	34 91	40 72	46 53	58 16	69 79	81 43	93 05	104 68	116 31
18 70	19 88	21 04	22 21	23 38	29 22	35 06	40 91	46 74	58 43	70 11	81 81	93 48	105 16	116 85
18 79	19 96	21 14	22 31	23 48	29 35	35 22	41 09	46 95	58 69	70 43	82 16	93 90	105 64	117 37
18 87	20 06	21 23	22 41	23 59	29 50	35 38	41 28	47 17	58 96	70 76	82 54	94 33	106 12	117 91
18 94	20 15	21 33	22 51	23 70	29 62	35 55	41 46	47 38	59 23	71 08	82 91	94 76	106 61	118 44
19 05	20 24	21 43	22 60	23 80	29 76	35 70	41 65	47 60	59 49	71 39	83 29	95 19	107 08	118 98
19 13	20 33	21 52	22 70	23 91	29 88	35 86	41 84	47 81	59 76	71 71	83 66	95 62	107 56	119 51

Suite du

DROIT DE DÉTAIL SUR LES QUANTITÉS DE VIN, CIDRE,

Depuis **1** litre jusqu'à **3.000** litres, et depuis

QUANTITÉS DE LITRES.	à 0 fr. 10 c.	à 0 fr. 15 c.	à 0 fr. 20 c.	à 0 fr. 25 c.	à 0 fr. 30 c.	à 0 fr. 35 c.	à 0 fr. 40 c.	à 0 fr. 45 c.	à 0 fr. 50 c.	à 0 fr. 55 c.	à 0 fr. 60 c.	à 0 fr. 65 c.	à 0 fr. 70 c.	à 0 fr. 75 c.
	F. C.	F. C.	F. C.	F. C.	F. C.	F. C.	F. C.	F. C.	F. C.	F. C.	F. C.	F. C.	F. C.	F. C.
225	2 41	3 61	4 81	6 01	7 21	8 42	9 61	10 82	12 02	13 22	14 41	15 66	16 81	18 02
226	2 42	3 63	4 83	6 04	7 24	8 45	9 65	10 86	12 08	13 27	14 47	15 68	16 89	18 10
227	2 44	3 65	4 85	6 07	7 27	8 50	9 70	10 91	12 12	13 33	14 52	15 75	16 97	18 19
228	2 45	3 66	4 88	6 09	7 31	8 53	9 74	10 96	12 17	13 39	14 60	15 82	17 04	18 25
229	2 46	3 68	4 90	6 12	7 34	8 57	9 79	11 02	12 23	13 46	14 67	15 90	17 11	18 34
230	2 47	3 69	4 92	6 14	7 37	8 60	9 83	11 05	12 28	13 51	14 73	15 97	17 19	18 42
231	2 48	3 71	4 94	6 18	7 41	8 64	9 87	11 10	12 34	13 57	14 80	16 03	17 26	18 51
232	2 49	3 72	4 96	6 20	7 44	8 68	9 91	11 15	12 39	13 62	14 87	16 10	17 34	18 57
233	2 50	3 74	4 98	6 23	7 47	8 72	9 96	11 20	12 45	13 68	14 94	16 16	17 42	18 64
234	2 51	3 76	5 »	6 25	7 50	8 76	9 99	11 24	12 49	13 74	14 99	16 24	17 49	18 74
235	2 51	3 78	5 02	6 29	7 54	8 80	10 04	11 30	12 56	13 81	15 06	16 31	17 56	18 82
236	2 52	3 79	5 04	6 31	7 56	8 83	10 08	11 35	12 61	13 86	15 12	16 37	17 64	18 89
237	2 53	3 81	5 07	6 34	7 59	8 87	10 12	11 39	12 65	13 92	15 18	16 44	17 71	18 98
238	2 54	3 82	5 09	6 36	7 62	8 90	10 16	11 44	12 70	13 98	15 25	16 51	17 79	19 06
239	2 55	3 84	5 11	6 39	7 66	8 94	10 22	11 49	12 76	14 04	15 31	16 59	17 86	19 14
240	2 57	3 85	5 13	6 41	7 69	8 97	10 26	11 53	12 81	14 10	15 37	16 66	17 93	19 21
241	2 58	3 88	5 15	6 44	7 73	9 01	10 30	11 59	12 86	14 16	15 44	16 72	18 01	19 30
242	2 59	3 89	5 17	6 46	7 76	9 05	10 33	11 63	12 92	14 22	15 51	16 79	18 09	19 39
243	2 60	3 90	5 19	6 49	7 79	9 09	10 38	11 69	12 97	14 27	15 57	16 87	18 15	19 46
244	2 61	3 92	5 22	6 51	7 82	9 13	10 42	11 73	13 03	14 33	15 64	16 94	18 22	19 53
245	2 62	3 93	5 24	6 53	7 85	9 17	10 47	11 78	13 08	14 39	15 70	17 01	18 29	19 62
246	2 63	3 95	5 26	6 56	7 88	9 21	10 52	11 83	13 14	14 45	15 76	17 08	18 39	19 69
247	2 64	3 96	5 28	6 60	7 91	9 25	10 56	11 89	13 19	14 50	15 82	17 14	18 46	19 76
248	2 66	3 97	5 30	6 63	7 94	9 27	10 60	11 93	13 25	14 56	15 89	17 21	18 53	19 86
249	2 67	3 99	5 32	6 65	7 98	9 31	10 64	11 97	13 29	14 62	15 95	17 29	18 61	19 94
250	2 68	4 01	5 34	6 68	8 01	9 34	10 67	12 02	13 35	14 68	16 01	17 35	18 68	20 01
251	2 69	4 03	5 36	6 71	8 05	9 39	10 72	12 07	13 40	14 74	16 08	17 43	18 76	20 10
252	2 70	4 04	5 38	6 73	8 08	9 42	10 76	12 10	13 46	14 80	16 14	17 48	18 84	20 18
253	2 71	4 05	5 40	6 77	8 11	9 46	10 80	12 16	13 51	14 87	16 21	17 56	18 92	20 26
254	2 72	4 07	5 43	6 78	8 14	9 50	10 85	12 20	13 56	14 92	16 27	17 63	18 98	20 33
255	2 73	4 10	5 45	6 81	8 18	9 53	10 89	12 26	13 61	14 98	16 34	17 70	19 06	20 42
256	2 74	4 11	5 47	6 84	8 21	9 57	10 93	12 30	13 67	15 03	16 39	17 77	19 13	20 50

4e Tableau.

OIRÉ ET HYDROMEL VENDUS CHEZ LES DÉBITANTS.

prix de 10 centimes le litre jusqu'à 5 fr.

à 0 fr. 80 c.	à 0 fr. 85 c.	à 0 fr. 90 c.	à 0 fr. 95 c.	à 1 franc.	à 1 fr. 25 c.	à 1 fr. 50 c.	à 1 fr. 75 c.	à 2 francs.	à 2 fr. 50 c.	à 3 francs.	à 3 fr. 50 c.	à 4 francs.	à 4 fr. 50 c.	à 5 francs.
F. C.	F. C.	F. C.	F. C.	F. C	F. C.	F. C	F. C	F. C.	F. C.	F. C.	F. C.	F. C.	F. C	F. C
19 22	20 42	21 62	22 82	24 02	30 02	36 02	42 02	48 02	60 03	72 03	84 03	96 03	108 05	120 05
19 30	20 51	21 71	22 92	24 12	30 16	36 18	42 21	48 24	60 30	72 35	84 41	96 46	108 52	120 58
19 39	20 61	21 81	23 02	24 23	30 29	36 34	42 40	48 45	60 56	72 67	84 78	96 89	109 »	121 11
19 47	20 68	21 91	23 11	24 34	30 42	36 50	42 57	48 67	60 82	72 99	85 16	97 32	109 49	121 64
19 55	20 78	22 »	23 22	24 45	30 56	36 66	42 77	48 88	61 10	73 31	85 53	97 75	109 96	122 18
19 64	20 87	22 09	23 32	24 55	30 68	36 82	42 96	49 09	61 36	73 63	85 90	98 17	110 44	122 71
19 73	20 97	22 19	23 43	24 66	30 83	36 99	43 15	49 31	61 63	73 96	86 28	98 60	110 93	123 25
19 82	21 05	22 29	23 53	24 77	30 95	37 14	43 33	49 52	61 89	74 28	86 65	99 03	111 40	123 78
19 90	21 15	22 38	23 62	24 87	31 09	37 31	43 52	49 74	62 17	74 60	87 03	99 46	111 89	124 32
19 99	21 23	22 48	23 72	24 97	31 22	37 46	43 71	49 94	62 43	74 91	87 40	99 88	112 37	124 84
20 08	21 32	22 58	23 83	25 08	31 35	37 62	43 89	50 15	62 69	75 23	87 77	100 30	112 84	125 38
20 16	21 41	22 68	23 93	25 19	31 49	37 78	44 08	50 37	62 96	75 55	88 15	100 73	113 33	125 91
20 24	21 50	22 77	24 04	25 30	31 63	37 94	44 27	50 58	63 23	75 87	88 52	101 16	116 81	126 45
20 33	21 59	22 83	24 14	25 41	31 75	38 10	44 46	50 80	63 50	76 19	88 90	101 59	114 28	126 9[illegible]
20 42	21 70	22 96	24 25	25 52	31 89	38 26	44 65	51 01	63 76	76 51	89 27	102 02	114 77	127 52
20 50	21 77	23 06	24 34	25 61	32 02	38 42	44 82	51 22	64 02	76 83	89 63	102 44	115 24	128 04
20 59	21 87	23 15	24 45	25 72	32 16	38 58	45 02	51 44	64 30	77 16	90 01	102 87	115 72	128 58
20 66	21 96	23 25	24 55	25 82	32 29	38 75	45 19	51 65	64 56	77 48	90 38	103 29	116 21	129 11
20 75	22 06	23 35	24 64	25 93	32 42	38 90	45 39	51 87	64 83	77 80	90 75	103 72	116 6[illegible]	129 65
20 84	22 14	23 45	24 74	26 04	32 55	39 07	45 57	52 08	65 09	78 12	91 13	104 15	117 17	130 18
20 92	22 24	23 53	24 84	26 14	32 70	39 22	45 76	52 29	65 37	78 43	91 50	104 57	117 65	130 72
21 »	22 32	23 63	24 94	26 25	32 82	39 38	45 94	52 51	65 63	78 75	91 88	105 »	118 12	131 25
21 09	22 41	23 73	25 04	26 36	32 96	39 54	46 14	52 72	65 80	79 07	92 25	105 43	118 61	131 7[illegible]
21 17	22 51	23 83	25 15	26 46	33 08	39 70	46 31	52 94	66 16	79 39	92 62	105 86	119 09	132 31
21 26	22 61	23 93	25 26	26 57	33 22	39 86	46 51	53 15	66 43	79 71	93 »	106 29	119 56	132 85
21 34	22 69	24 02	25 35	26 68	33 36	40 02	46 69	53 35	66 70	80 03	93 37	106 70	120 05	133 38
21 43	22 77	24 12	25 46	26 70	33 49	40 19	46 89	53 57	66 96	80 36	93 75	107 13	120 5[illegible]	133 9[illegible]
21 52	22 86	24 20	25 56	26 90	33 62	40 34	47 06	53 78	67 23	80 68	94 12	107 56	121 »	[illegible]
21 61	22 95	24 30	25 66	27 01	33 76	40 51	47 26	54 »	67 50	81 »	94 49	107 99	121 4[illegible]	[illegible]
21 70	23 04	24 40	25 76	27 12	33 88	40 66	47 44	54 21	67 76	81 32	94 87	108 42	121 97	135 51
21 78	23 14	24 49	25 86	27 22	34 03	40 83	47 63	54 42	68 03	81 64	95 24	108 84	122 45	136 05
21 86	23 23	24 59	25 96	27 33	34 15	40 98	47 81	54 64	68 29	81 95	95 62	109 27	122 93	136 58

Suite du

DROIT DE DÉTAIL SUR LES QUANTITÉS DE VIN, CIDRE,

Depuis 1 litre jusqu'à 3,000 litres, et depuis

QUANTITÉS DE LITRES.	à 0 fr. 10 c.	à 0 fr. 15 c.	à 0 fr. 20 c.	à 0 fr. 25 c.	à 0 fr. 30 c.	à 0 fr. 35 c.	à 0 fr. 40 c.	à 0 fr. 45 c.	à 0 fr. 50 c.	à 0 fr. 55 c.	à 0 fr. 60 c.	à 0 fr. 65 c.	à 0 fr. 70 c.	à 0 fr. 75 c.
	F. C.	F. C.	F. C.	F. C.	F. C.	F. C.	F. C.	F. C.	F. C.	F. C.	F. C.	F. C.	F. C.	F. C.
257	2 75	4 13	5 49	6 87	8 23	9 61	10 98	12 36	13 72	15 09	16 45	17 84	19 21	20 59
258	2 76	4 14	5 51	6 90	8 26	9 64	11 03	12 40	13 78	15 15	16 53	17 90	19 28	20 66
259	2 78	4 16	5 54	6 93	8 30	9 68	11 06	12 46	13 83	15 22	16 59	17 97	19 35	20 74
260	2 79	4 17	5 56	6 95	8 33	9 72	11 10	12 49	13 88	15 27	16 66	18 04	19 43	20 82
261	2 80	4 20	5 58	6 98	8 36	9 76	11 14	12 54	13 93	15 33	16 72	18 12	19 51	20 90
262	2 81	4 21	5 60	7 01	8 40	9 80	11 19	12 59	13 98	15 39	16 78	18 20	19 58	20 98
263	2 82	4 22	5 62	7 03	8 43	9 84	11 24	12 63	14 02	15 45	16 85	18 27	19 65	21 07
264	2 83	4 24	5 65	7 06	8 47	9 87	11 28	12 69	14 07	15 51	16 91	18 32	19 72	21 15
265	2 84	4 25	5 67	7 09	8 50	9 91	11 33	12 74	14 15	15 57	16 98	18 40	19 80	21 22
266	2 85	4 27	5 69	7 11	8 52	9 95	11 37	12 79	14 21	15 62	17 04	18 46	19 88	21 30
267	2 85	4 28	5 70	7 13	8 55	9 99	11 40	12 83	14 25	15 67	17 10	18 53	19 95	21 37
268	2 86	4 29	5 72	7 15	8 58	10 03	11 44	12 87	14 30	15 73	17 17	18 59	20 02	21 45
269	2 87	4 31	5 75	7 18	8 62	10 06	11 49	12 92	14 36	15 80	17 23	18 67	20 10	21 54
270	2 88	4 33	5 77	7 21	8 65	10 09	11 53	12 97	14 41	15 86	17 30	18 74	20 18	21 62
271	2 90	4 35	5 79	7 23	8 68	10 14	11 58	13 03	14 47	15 92	17 36	18 81	20 26	21 71
272	2 91	4 36	5 81	7 26	8 72	10 18	11 62	13 08	14 52	15 98	17 42	18 87	20 34	21 79
273	2 92	4 37	5 83	7 29	8 75	10 22	11 66	13 13	14 58	16 03	17 48	18 94	20 41	21 87
274	2 93	4 39	5 86	7 33	8 79	10 26	11 70	13 18	14 64	16 09	17 55	19 02	20 49	21 95
275	2 94	4 41	5 88	7 35	8 82	10 29	11 75	13 22	14 69	16 15	17 61	19 09	28 57	22 03
276	2 95	4 43	5 90	7 38	8 85	10 32	11 79	13 27	14 74	16 21	17 67	19 16	20 64	22 11
277	2 96	4 45	5 92	7 40	8 88	10 36	11 83	13 31	14 79	16 27	17 75	19 23	20 71	22 18
278	2 97	4 46	5 94	7 43	8 90	10 40	11 88	13 36	14 84	16 33	17 81	19 30	20 77	22 2
279	2 98	4 47	5 97	7 45	8 94	10 43	11 92	13 41	14 89	16 38	17 87	19 36	20 84	22 3
280	3 »	4 49	5 99	7 47	8 97	10 47	11 96	13 46	14 94	16 44	17 93	19 43	20 93	22 41
281	3 01	4 51	6 01	7 51	9 [illegible]	10 51	12 01	13 51	15 »	16 50	18 »	19 51	20 99	22 50
282	3 02	4 52	6 03	7 54	9 05	10 55	12 05	13 55	15 05	16 55	18 07	19 57	21 07	22 58
283	3 03	4 54	6 05	7 58	9 07	10 59	12 09	13 60	15 10	16 61	18 13	19 64	21 14	22 66
284	3 04	4 56	6 07	7 60	9 10	10 62	12 12	13 64	15 16	16 66	18 19	19 71	21 22	22 73
285	3 05	4 58	6 09	7 62	9 13	10 65	12 17	13 69	15 22	16 72	18 25	19 78	21 30	22 82
286	3 06	4 60	6 11	7 64	9 16	10 69	12 21	13 74	15 27	16 79	18 31	19 83	21 37	22 90
287	3 07	4 61	6 13	7 67	9 19	10 72	12 25	13 79	15 32	16 86	18 37	19 92	21 45	22 98
288	3 08	4 62	6 15	7 70	9 22	10 76	12 30	13 84	15 38	16 91	18 45	19 98	21 52	23 06

4e Tableau.

POIRÉ ET HYDROMEL VENDUS CHEZ LES DÉBITANTS.
le prix de **10** centimes le litre jusqu'à **5** fr.

à **0** fr. **80** c.	à **0** fr. **85** c.	à **0** fr. **90** c.	à **0** fr. **95** c.	à **1** franc	à **1** fr. **25** c.	à **1** fr. **50** c.	à **1** fr. **75** c.	à **2** francs	à **2** fr. **50** c.	à **3** francs	à **3** fr. **50** c.	à **4** francs	à **4** fr. **50** c.	à **5** francs
F. C.	F. C.	F. C.	F. C.	F. C.	F. C.	F. C.	F. C.	F. C.	F. C.	F. C.	F. C.	F. C.	F. C.	F. C.
21 95	23 32	24 68	26 06	27 44	34 29	41 14	48 01	54 85	68 57	82 27	95 99	109 70	123 41	137 12
22 03	23 41	24 78	26 16	27 54	34 42	41 30	48 18	55 07	68 83	82 59	96 36	110 13	123 89	137 65
22 12	23 50	24 89	26 26	27 64	34 56	41 46	48 38	55 28	69 10	82 91	96 74	110 55	124 37	138 19
22 20	23 59	24 97	26 36	27 75	34 69	41 62	48 56	55 49	69 36	83 23	97 10	110 97	124 84	138 71
22 29	23 69	25 07	26 47	27 86	34 83	41 78	48 75	55 71	69 63	83 56	97 48	111 40	125 33	139 25
22 38	23 78	25 17	26 57	27 97	34 95	41 95	48 93	55 92	69 90	83 88	97 85	111 83	125 81	139 78
22 46	23 88	25 27	26 67	28 08	35 09	42 10	49 12	56 14	70 16	84 20	98 22	112 26	126 28	140 32
22 54	23 96	25 36	26 76	28 18	35 22	42 27	49 31	56 35	70 43	84 52	98 60	112 69	126 77	140 85
22 62	24 06	25 46	26 88	28 28	35 35	42 42	49 49	56 56	70 70	84 84	98 97	113 11	127 25	141 39
22 69	24 15	25 55	26 98	28 39	35 49	42 59	49 68	56 78	70 97	85 15	99 35	113 54	127 73	141 92
22 80	24 24	25 65	27 08	28 49	35 62	42 74	49 87	56 98	71 23	85 47	99 72	113 97	128 21	142 45
22 88	24 34	25 74	27 18	28 60	35 75	42 90	50 05	57 20	71 49	85 79	100 09	114 40	128 69	142 98
22 96	24 41	25 84	27 28	28 71	35 90	43 06	50 24	57 41	71 77	86 11	100 47	114 82	129 17	143 52
23 06	24 50	25 94	27 38	28 81	36 02	43 22	50 43	57 62	72 03	86 43	100 84	115 24	129 65	144 05
23 14	24 59	26 03	27 48	28 92	36 16	43 39	50 62	57 84	72 30	86 76	101 22	115 67	130 13	144 59
23 22	24 67	26 13	27 58	29 03	36 28	43 54	50 80	58 05	72 56	87 08	101 59	116 10	130 61	145 12
23 30	24 76	26 22	27 67	29 14	36 43	43 71	50 99	58 27	72 84	87 40	101 96	116 53	131 09	145 66
23 39	24 86	26 31	27 78	29 25	36 56	43 86	51 18	58 48	73 10	87 72	102 34	116 96	131 58	146 18
23 48	24 95	26 42	27 88	29 35	36 69	44 03	51 36	58 69	73 36	88 04	102 71	117 37	132 05	146 72
23 56	25 04	26 51	27 99	29 46	36 82	44 18	51 55	58 61	73 63	88 35	103 09	117 80	132 53	147 25
23 66	25 12	26 60	28 09	29 56	36 96	44 35	51 74	59 12	73 90	88 67	103 46	118 23	133 02	147 79
23 74	25 21	26 70	28 19	29 67	37 09	44 50	51 92	59 34	74 17	88 99	103 83	118 66	133 49	148 32
23 82	25 30	26 80	28 30	29 78	37 23	44 66	52 11	59 55	74 43	89 31	104 21	119 08	133 97	148 86
23 91	25 40	26 90	28 40	29 88	37 35	44 82	52 29	59 76	74 69	89 63	104 57	119 51	134 45	149 38
24 »	25 50	27 »	28 50	29 99	37 49	44 98	52 49	59 98	74 97	89 96	104 94	119 94	134 93	149 92
24 09	25 59	27 09	28 60	30 10	37 62	45 15	52 66	60 19	75 23	90 28	105 32	120 37	135 41	150 45
24 17	25 68	27 19	28 70	30 21	37 76	45 30	52 86	60 41	75 50	90 60	105 69	120 80	135 89	150 99
24 25	25 78	27 29	28 80	30 31	37 89	45 47	53 04	60 61	75 76	90 92	106 07	121 23	136 37	151 52
24 34	25 87	27 38	28 89	30 42	38 03	45 62	53 23	60 82	76 04	91 24	106 44	121 64	136 86	152 06
24 42	25 95	27 47	29 »	30 53	38 15	45 79	53 41	61 04	76 30	91 55	106 82	122 07	137 33	152 59
24 51	26 04	27 56	29 10	30 63	38 30	45 94	53 61	61 26	76 56	91 87	107 19	122 50	137 81	153 12
24 60	26 13	27 66	29 20	30 74	38 42	46 11	53 78	61 47	76 83	92 19	107 56	122 93	138 30	153 65

Suite du

DROIT DE DÉTAIL SUR LES QUANTITÉS DE VIN, CIDRE,

Depuis **1** litre jusqu'à **3,000** litres, et depuis

QUANTITÉS DE LITRES.	à **0** fr. **10** c.	à **0** fr. **15** c.	à **0** fr. **20** c.	à **0** fr. **25** c.	à **0** fr. **30** c.	à **0** fr. **35** c.	à **0** fr. **40** c.	à **0** fr. **45** c.	à **0** fr. **50** c.	à **0** fr. **55** c.	à **0** fr. **60** c.	à **0** fr. **65** c.	à **0** fr. **70** c.	à **0** fr. **75** c.
	F. C.	F. C.	F. C.	F. C.	F. C.	F. C.	F. C.	F. C.	F. C.	F. C.	F. C.	F. C.	F. C.	F. C.
289	3 09	4 64	6 17	7 72	9 25	10 80	12 37	13 89	15 43	16 97	18 51	20 06	21 60	23 14
290	3 11	4 65	6 20	7 75	9 29	10 84	12 39	13 93	15 48	17 03	18 57	20 12	21 67	23 21
291	3 12	4 67	6 22	7 78	9 32	10 88	12 43	13 99	15 54	17 09	18 65	20 19	21 74	23 29
292	3 13	4 68	6 24	7 81	9 35	10 92	12 48	14 04	15 59	17 15	18 70	20 26	21 82	23 36
293	3 14	4 70	6 26	7 84	9 38	10 96	12 53	14 08	15 65	17 21	18 76	20 32	21 89	23 44
294	3 15	4 71	6 28	7 86	9 42	11 »	12 56	14 13	15 69	17 27	18 82	20 40	21 97	23 53
295	3 16	4 73	6 30	7 88	9 45	11 04	12 60	14 18	15 74	17 33	18 89	20 47	22 05	23 61
296	3 17	4 74	6 32	7 90	9 48	11 07	12 65	14 22	15 80	17 39	18 95	20 54	22 12	23 70
297	3 18	4 76	6 34	7 93	9 51	11 10	12 69	14 27	15 85	17 45	19 01	20 60	22 20	23 78
298	3 19	4 77	6 36	7 96	9 54	11 14	12 73	14 32	15 91	17 49	19 07	20 67	22 27	23 87
299	3 20	4 79	6 38	7 98	9 57	11 17	12 78	14 37	15 96	17 56	19 15	20 75	22 34	23 95
300	3 22	4 81	6 41	8 01	9 61	11 21	12 81	14 41	16 01	17 62	19 21	20 82	22 41	24 03
350	3 74	5 61	7 47	9 34	11 21	13 08	14 94	16 81	18 68	20 55	22 41	24 28	26 15	28 02
400	4 27	6 41	8 54	10 67	12 81	14 94	17 08	19 21	21 34	23 48	25 61	27 75	29 88	32 01
450	4 81	7 21	9 61	12 02	14 41	16 81	19 21	21 62	24 02	26 42	28 81	31 22	33 62	36 02
500	5 34	8 01	10 67	13 35	16 01	18 68	21 34	24 02	26 68	29 35	32 01	34 69	37 35	40 02
550	5 88	8 82	11 74	14 68	17 62	20 55	23 48	26 42	29 35	32 29	35 22	38 15	41 09	44 03
600	6 41	9 61	12 81	16 01	19 21	22 41	25 61	28 81	32 01	35 22	38 42	41 62	44 82	48 02
650	6 95	10 41	13 88	17 35	20 82	24 28	27 75	31 22	34 69	38 15	41 62	45 09	48 56	52 02
700	7 47	11 21	14 94	18 68	22 41	26 15	29 88	33 62	37 35	41 09	44 82	48 56	52 29	56 03
750	8 01	12 02	16 01	20 01	24 02	28 02	32 01	36 02	40 02	44 03	48 02	52 02	56 03	60 03
800	8 54	12 81	17 08	21 34	25 61	29 88	34 15	38 42	42 68	46 95	51 22	55 49	59 76	64 02
850	9 08	13 61	18 14	22 69	27 22	31 75	36 28	40 83	45 36	49 89	54 42	58 96	63 50	68 03
900	9 61	14 41	19 21	24 02	28 81	33 62	38 42	43 22	48 02	52 83	57 62	62 43	67 23	72 03
950	10 15	15 22	20 28	25 35	30 42	35 49	40 55	45 62	50 69	55 76	60 82	65 89	70 97	76 04
1000	10 67	16 01	21 34	26 68	32 01	37 35	42 68	48 02	53 35	58 69	64 02	69 36	74 69	80 03
1500	16 01	24 02	32 01	40 02	48 02	56 03	64 02	72 03	80 03	88 04	96 03	104 04	112 04	120 05
2000	21 34	32 01	42 68	53 35	64 02	74 69	85 36	96 03	106 70	117 37	128 04	138 71	149 38	160 05
3000	32 01	48 02	64 02	80 03	96 03	112 04	128 04	144 05	160 05	176 06	192 06	208 07	224 07	240 08

4e Tableau,

POIRÉ ET HYDROMEL VENDUS CHEZ LES DÉBITANTS.

le prix de **10** centimes le litre jusqu'à **5** fr.

à 0 fr. 80 c.	à 0 fr. 85 c.	à 0 fr. 90 c.	à 0 fr. 95 c.	à 1 franc.	à 1 fr. 25 c.	à 1 fr. 50 c.	à 1 fr. 75 c.	à 2 francs.	à 2 fr. 50 c.	à 3 francs.	à 3 fr. 50 c.	à 4 francs.	à 4 fr. 50 c.	à 5 francs.
F. C.	F. C.	F. C.	F. C.	F. C.	F. C.	F. C.	F. C.	F. C.	F. C.	F. C.	F. C.	F. C.	F. C.	F. C.
24 68	26 23	27 76	29 30	30 85	38 56	46 26	53 98	61 68	77 10	92 51	107 94	123 36	138 77	154 19
24 77	26 32	27 86	29 41	30 96	38 69	46 42	54 16	61 89	77 37	92 83	108 31	123 78	139 25	154 72
24 85	26 41	27 96	29 51	31 06	38 82	46 59	54 36	62 11	77 63	93 16	108 68	124 21	139 74	155 26
24 94	26 49	28 06	29 61	31 15	38 96	46 74	54 53	62 32	77 90	93 48	109 06	124 63	140 21	155 79
25 02	26 59	28 16	29 71	31 27	39 10	46 91	54 73	62 54	78 17	93 80	109 43	125 06	140 69	156 33
25 10	26 68	28 26	29 81	31 38	39 22	47 06	54 91	62 75	78 43	94 12	109 81	125 49	141 18	156 85
25 19	26 77	28 37	29 91	31 49	39 36	47 23	55 10	62 96	78 70	94 44	110 18	125 91	141 65	157 39
25 27	26 86	28 47	30 01	31 60	39 48	47 37	55 28	63 18	78 96	94 75	110 56	126 34	142 14	157 92
25 36	26 95	28 55	30 11	31 70	39 63	47 55	55 48	63 39	79 24	95 07	110 93	126 77	142 62	158 46
25 44	27 05	28 63	30 21	31 81	39 76	47 70	55 65	63 61	79 50	95 39	111 30	127 20	143 09	158 99
25 53	27 14	28 73	30 32	31 92	39 89	47 87	55 83	63 82	79 77	95 71	111 68	127 63	143 58	159 53
25 61	27 22	28 81	30 42	32 01	40 02	48 02	56 03	64 02	80 03	96 03	112 04	128 04	144 05	160 05
29 88	31 75	33 62	35 49	37 35	46 69	56 03	65 37	74 69	93 37	112 04	130 72	149 38	168 06	186 73
34 15	36 28	38 42	40 55	42 68	53 35	64 02	74 69	85 36	106 70	128 04	149 38	170 72	192 06	213 40
38 42	40 83	43 22	45 62	48 02	60 03	72 03	84 03	96 03	120 05	144 05	168 06	192 06	216 08	240 08
42 68	45 36	48 02	50 69	53 35	66 70	80 03	93 37	106 70	133 38	160 05	186 73	213 40	240 08	266 75
46 95	49 89	52 83	55 76	58 69	73 36	88 04	102 71	117 37	146 72	176 06	205 41	234 74	264 09	293 43
51 22	54 42	57 62	60 82	64 02	80 03	96 03	112 04	128 04	160 05	192 06	224 07	256 08	288 09	320 10
55 49	58 96	62 43	65 89	69 36	86 71	104 04	121 38	138 71	173 40	208 07	242 75	277 42	312 11	346 78
59 76	63 50	67 23	70 97	74 69	93 37	112 04	130 72	149 38	186 73	224 07	261 42	298 76	336 11	373 45
64 02	68 03	72 03	76 04	80 03	100 04	120 05	140 06	160 05	200 07	240 08	280 10	320 10	360 12	400 13
68 29	72 56	76 83	81 10	85 36	106 70	128 04	149 38	170 72	213 40	256 08	298 76	341 44	384 12	426 80
72 56	77 10	81 64	86 17	90 70	113 38	136 05	158 72	181 39	226 75	272 09	317 44	362 78	408 14	453 48
76 83	81 62	86 43	91 24	96 03	120 05	144 05	168 06	192 06	240 08	288 09	336 11	384 12	432 14	480 15
81 10	86 17	91 24	96 31	101 37	126 71	152 06	177 40	202 73	253 42	304 10	354 79	405 46	456 15	506 83
85 36	90 70	96 03	101 37	106 70	133 38	160 05	186 73	213 40	266 75	320 10	373 45	426 80	480 15	533 50
128 04	136 06	144 05	152 06	160 05	200 07	240 08	280 10	320 10	400 13	480 15	560 18	640 20	720 23	800 25
170 72	181 39	192 06	202 73	213 40	266 75	320 10	373 45	426 80	533 50	640 20	746 90	853 60	960 30	1067 »
256 08	272 09	288 09	304 10	320 10	400 13	480 15	560 18	640 20	800 25	960 30	1120 35	1280 40	1440 45	1600 50

CINQUIÈME TABLEAU.

DROIT DE DÉTAIL

Sur les quantités d'Alcool vendues chez les Débitants.

Quantités de LITRES vendus.	DROIT.	Quant.tés de LITRES vendus.	DROIT.	Quantités de LITRES vendus.	DROIT.	Quantités de LITRES vendus.	DROIT.	Quantités de LITRES vendus.	DROIT.	Quanti tés de LITRES vendus.	DROIT.
	F. C.		F. C.		F. C.		F. C.		F. C.		F. C.
1	» 37	32	11 62	63	22 86	94	34 12	125	45 36	156	56 62
2	» 73	33	11 98	64	23 23	95	34 48	126	45 72	157	56 96
3	1 09	34	12 35	65	23 59	96	34 84	127	46 08	158	57 33
4	1 46	35	12 71	66	23 95	97	35 20	128	46 45	159	57 69
5	1 82	36	13 07	67	24 31	98	35 57	129	46 81	160	58 05
6	2 18	37	13 44	68	24 68	99	35 93	130	47 17	161	58 42
7	2 55	38	13 80	69	25 04	100	36 28	131	47 54	162	58 78
8	2 91	39	14 16	70	25 40	101	36 64	132	47 90	163	59 14
9	3 27	40	14 52	71	25 77	102	37 01	133	48 26	164	59 50
10	3 63	41	14 89	72	26 13	103	37 37	134	48 62	165	59 87
11	4 »	42	15 25	73	26 49	104	37 73	135	48 99	166	60 23
12	4 36	43	15 61	74	26 86	105	38 10	136	49 35	167	60 59
13	4 72	44	15 98	75	27 22	106	38 46	137	49 71	168	60 96
14	5 09	45	16 34	76	27 58	107	38 82	138	50 07	169	61 32
15	5 45	46	16 70	77	27 94	108	39 19	139	50 44	170	61 68
16	5 81	47	17 07	78	28 31	109	39 55	140	50 80	171	62 05
17	6 18	48	17 43	79	28 67	110	39 91	141	51 17	172	62 41
18	6 54	49	17 79	80	29 03	111	40 28	142	51 53	173	62 77
19	6 90	50	18 14	81	29 40	112	40 64	143	51 89	174	63 13
20	7 26	51	18 51	82	29 76	113	41 »	144	52 25	175	63 50
21	7 63	52	18 87	83	30 12	114	41 36	145	52 62	176	63 86
22	7 99	53	19 23	84	30 49	115	41 73	146	52 98	177	64 22
23	8 35	54	19 60	85	30 85	116	42 09	147	53 34	178	64 59
24	8 72	55	19 96	86	31 21	117	42 45	148	53 71	179	64 95
25	9 08	56	20 32	87	31 57	118	42 82	149	54 07	180	65 31
26	9 44	57	20 68	88	31 94	119	43 18	150	54 42	181	65 68
27	9 81	58	21 05	89	32 30	120	43 54	151	54 78	182	66 04
28	10 17	59	21 41	90	32 66	121	43 91	152	55 15	183	66 40
29	10 53	60	21 77	91	33 03	122	44 27	153	55 51	184	66 76
30	10 89	61	22 14	92	33 39	123	44 63	154	55 87	185	67 13
31	11 26	62	22 50	93	33 75	124	44 99	155	56 24	186	67 49

Suite du CINQUIÈME TABLEAU.

DROIT DE DÉTAIL

Sur les quantités vendues chez les Débitants.

Quantités de LITRES vendus.	DROIT.	Quantités de LITRES vendus.	DROIT.	Quantités de LITRES vendus.	DROIT.	Quantités de LITRES vendus.	DROIT.	Quantités de LITRES vendus.	DROIT.
	F. C.		F. C.		F. C.		F. C.		F. C.
187	67 85	218	79 09	249	90 35	280	101 59	410	148 75
188	68 22	219	79 46	250	90 70	281	101 95	420	152 38
189	68 58	220	79 82	251	91 06	282	102 32	430	156 01
190	68 94	221	80 18	252	91 43	283	102 68	440	159 64
191	69 30	222	80 55	253	91 79	284	103 04	450	163 26
192	69 67	223	80 91	254	92 15	285	103 40	460	166 89
193	70 03	224	81 27	255	92 51	286	103 77	470	170 52
194	70 39	225	81 64	256	92 88	287	104 13	480	174 15
195	70 76	226	82 »	257	93 24	288	104 49	490	177 78
196	71 12	227	82 36	258	93 60	289	104 86	500	181 39
197	71 48	228	82 72	259	93 97	290	105 22	520	188 65
198	71 85	229	83 09	260	94 33	291	105 58	540	195 91
199	72 21	230	83 45	261	94 69	292	105 95	560	203 16
200	72 56	231	83 81	262	95 06	293	106 31	580	210 42
201	72 92	232	84 18	263	95 42	294	106 67	600	217 67
202	73 29	233	84 54	264	95 78	295	107 03	620	224 93
203	73 65	234	84 90	265	96 14	206	107 40	640	232 19
204	74 01	235	85 27	266	96 51	297	107 76	660	239 44
205	74 38	236	85 63	267	96 87	298	108 12	680	246 70
206	74 74	237	85 90	268	97 23	299	108 49	700	253 95
207	75 10	238	86 35	269	97 60	300	108 84	720	261 21
208	75 46	239	86 72	270	97 96	310	112 47	740	268 47
209	75 83	249	87 08	271	98 32	320	116 10	760	275 72
210	76 19	241	87 44	272	98 69	330	119 73	780	282 98
211	76 55	242	87 81	273	99 05	340	123 36	800	290 23
212	76 92	243	88 17	274	99 41	350	126 98	820	227 49
213	77 28	244	88 53	275	99 77	360	130 61	840	304 75
214	77 64	245	88 90	276	100 14	370	134 24	860	312 »
215	78 01	246	89 26	277	100 50	380	137 87	880	319 26
216	78 37	247	89 62	278	100 86	390	141 50	900	326 51
217	78 73	248	89 98	279	101 23	400	145 12	920	333 77

Quantités de LITRES vendus.	DROIT.
	F. C.
940	341 03
960	348 28
980	355 54
1000	362 78
1050	380 92
1100	399 06
1150	417 20
1200	435 34
1250	453 48
1300	471 62
1350	489 76
1400	507 90
1450	526 04
1509	544 18
1550	562 32
1600	580 46
1650	598 60
1700	616 74
1750	634 88
1800	653 02
1850	671 16
1900	689 30
1950	707 44
2000	725 56
2100	791 84
2200	798 12
2300	834 40
2400	870 68
2500	906 96
2600	943 24
2700	979 52
2800	1015 80
2900	1052 08
3000	1088 34

NOTA.

Pour connaître la quantité d'alcool que contiennent les liquides spiritueux, il faut en multiplier le volume par le degré, et le résultat de cette opération indique, après en avoir retranché les deux chiffres de droite, la quantité d'alcool cherchée. Cependant si le premier de ces deux chiffres se trouvait être un 5, un 6, un 7, un 8 ou un 9, il faudrait augmenter d'un litre le produit de la multiplication.

PREMIER EXEMPLE.

115 litres d'eau-de-vie
à 48 degrés centésimaux.

920
460

55,20

DEUXIÈME EXEMPLE.

115 litres d'eau-de-vie
à 53 degrés centésimaux.

345
575

60,95
à ajouter 1

61 »

Ainsi le premier résultat ci-dessus : *55 20*, représente 55 litres d'alcool; et le deuxième : *60 95*, représente 60 litres, plus un litre qu'il faut y ajouter, attendu que, comme il est dit plus haut, le premier des deux chiffres retranchés étant un de ceux qui donnent lieu à un forcement, il faut y ajouter un litre, ce qui forme en totalité 61 litres d'alcool.

SIXIÈME TABLEAU.

NOMENCLATURE DES BOISSONS ET FRUITS SOUMIS AUX DROITS D'APRÈS L'ORDONNANCE ROYALE DU 24 AOUT 1840.

DÉNOMINATION DES BOISSONS ET FRUITS.	CLASSIFICATION DES LIQUIDES PAR RAPPORT AUX DROITS A LEUR IMPOSER.
Absinthe (Extrait d')............ Alkermès........................ Andaye (Eau-de-vie d').......... Anisette.........................	Comme alcool.
Cidres et Poirés................	Soumis aux droits de détail, d'entrée et d'octroi.
Crème...........................	Comme liqueurs dès qu'elles sont alcoolisées.
Petits vins et petits cidres.........	Comme vin et cidre.
Eaux-de-vie et esprits............	Lorsqu'ils sont en cercles, ils ne sont soumis aux droits qu'en raison de l'alcool qu'ils contiennent, tandis qu'en bouteilles ils sont considérés comme alcool pur et imposés comme tels.
Eaux de Cologne, de lavande, de mélisse, de la reine de Hongrie, et de senteur....................	Ces eaux ne sont soumises qu'au droit d'entrée seulement.
Elixir de Garrhus...	Comme alcool pur.
Ether	Comme esprit altéré.
Genièvre ne contenant pas de sirop..	Comme eau-de-vie, et comme alcool lorsqu'il en contient.
Huiles	Comme eau de senteur lorsqu'elles ne contiennent aucun sirop, et comme alcool lorsqu'elles en contiennent.
Hydromels......................	Comme cidre et poiré.
Kirschwasser .... Koüestchwasser..................	Comme eaux-de-vie, en cercles, et comme alcool, en bouteilles.
Liqueurs........................	Toutes les liqueurs en général, tant en cercles qu'en bouteilles, sont considérées comme alcool pur, et imposées comme tel.
Piquettes.......................	Comme vin.
Rack...........................	Comme eaux-de-vie.
Ratafia.........................	Comme liqueurs.
Rhum...........................	Comme eaux-de-vie.
Sirops..........................	Ils sont imposés comme alcool lorsqu'il en est entré dans leur composition ; hors cela, ils ne sont soumis à aucun droit.
Tafia...........................	Comme eaux-de-vie
Vendanges......................	On en admet trois hectolitres pour deux de vin, et cinq de pommes et poires pour deux de cidre ou poiré.
Vins............................	Soumis aux droits sans aucune distinction de qualité.
Vins alcoolisés..................	Comme liqueurs.

DES ABONNÉS ET RÉDIMÉS.

L'abonnement a pour principal but d'affranchir les débitants de boissons des exercices journaliers des employés de la Régie et de quelques formalités qui s'y rattachent, telles que de pouvoir opérer des coupages et transvasions d'eaux-de-vie et d'esprits hors la présence de ces agents, etc. La perception des droits de détail et de consommation est remplacée dans cette circonstance ainsi qu'il suit :

1° Par un abonnement individuel, soit à raison d'une somme fixe pour un temps déterminé, soit à raison de tant par hectolitre, conformément aux art. 70, 71 et 72 de la loi du 28 avril 1816, et 4 de celle du 12 décembre 1830;

2° Par un abonnement général avec une commune, pour le montant des droits de détail et de circulation, art. 73, 74, 75 et 76 de la loi du 28 avril 1816;

3° Par un abonnement collectif ou par corporation, art. 71, 72, 73, 74, 75, 76, 77, 78, 79, 80, 81, 82, 83 et 84 de la même loi;

4° Par une taxe unique aux entrées, art. 35, 36, 37, 38 et 41 de la loi du 21 avril 1832 ;

5° Enfin, par le payement du droit de consommation à l'arrivée des eaux-de-vie, esprits, liqueurs et fruits à l'eau-de-vie, dans les débits (art. 41 précité), en observant toutefois que ce droit doit être acquitté, et les acquits qui ont accompagné ces boissons présentés au bureau de la Régie, dans le délai de vingt-quatre heures à partir de leur arrivée chez les débitants; autrement le receveur pourrait et devrait même se refuser à la perception du droit, et dans cette dernière circonstance, les débitants rentreraient de droit sous le régime des exercices, quant aux boissons spiritueuses seulement.

Il est aussi à remarquer que ceux qui font usage de ce mode de payement ne jouissent pas, comme les autres débitants, de la déduction de 3 % accordée par l'art. 66 de la loi du 28 avril 1816, et que la faculté de vendre à emporter leur est entièrement interdite.

Tous ces abonnements sont consentis entre les directeurs des contributions indirectes de l'arrondissement respectif des débits et les débitants, excepté celui désigné sous l'art. 5 ci-dessus, qui ne nécessite qu'une simple déclaration faite, par chacun des débitants, à la recette buraliste dans la circonscription de laquelle son débit se trouve placé.

NOTA. L'abonnement à l'hectolitre seul ne dispense pas les débitants des visites et exercices des employés de la Régie.

Pour connaître le droit à payer sur les quantités d'alcool reçues, on se reportera au tableau nº 2 du chapitre des marchands en gros.

Il sera imprimé et mis en vente des registres à colonnes conformes à ceux tenus par les employés de la Régie et disposés de manière que la tenue en sera très-facile. Un côté sera destiné à l'inscription, par espèce, des quantités de boissons reçues par les débitants au fur et à mesure de leur arrivée chez eux, et de l'autre côté on inscrira les quantités vendues; en sorte qu'à l'époque d'un règlement de compte trimestriel, on n'aura, pour se rendre compte de la somme due à la Régie sur ces dernières quantités de boissons, qu'à les additionner par prix de vente et se reporter immédiatement au tableau nº 4; on connaîtra de suite la somme cherchée; cette opération devra être faite même avant que les employés aient terminé la leur.

Les quantités qui resteront invendues formeront la reprise pour le trimestre suivant. Des pèse-liqueurs tels que ceux dont les préposés de la Régie se servent, seront également confectionnés et vendus avec ces registres, dont la texture contiendra des instructions sur la manière d'en faire usage.

EXTRAIT

DE LA LOI SUR LES FINANCES, DU 28 AVRIL 1816.

CONTRIBUTIONS INDIRECTES.

TITRE PREMIER.

DROITS SUR LES BOISSONS.

CHAPITRE TROISIÈME.

DROITS A LA VENTE EN DÉTAIL DES BOISSONS.

§ Ier.

De la Perception.

Art. 47.

Il sera perçu, lors de la vente en détail des vins, cidres, poirés, eaux-de-ie ou liqueurs composées d'eau-de-vie ou d'esprit, un droit de 10 p. 0/0 .u prix de ladite vente.

Art. 48.

Les vendants en détail seront tenus de déclarer aux employés le prix de ente de leurs boissons chaque fois qu'ils en seront requis; lesdits prix eront inscrits tant sur les portatifs et registres que sur une affiche apposée ar le débitant dans le lieu le plus apparent de son domicile.

Art. 49.

En cas de contestation entre les employés et les débitants relativement l'exactitude de la déclaration des prix de vente, il en sera référé au naire de la commune, lequel prononcera sur le différend, sauf le recours, le part et d'autre, au préfet, en conseil de préfecture, qui statuera définitivement dans la huitaine, après avoir pris l'avis du sous-préfet et du directeur des contributions indirectes.

Le droit sera provisoirement perçu d'après la décision du maire, sauf rappel ou restitution. La décision ne pourra s'appliquer aux boissons débitées antérieurement à la contestation.

§ II.

Des Débitants.

Art. 50.

Les cabaretiers, aubergistes, traiteurs, restaurateurs, maîtres d'hôtels garnis, cafetiers, liquoristes, buvetiers, débitants d'eau-de-vie, concierges, et autres donnant à manger au jour, au mois ou à l'année, ainsi que tous autres qui voudront se livrer à la vente en détail des boissons spécifiées en l'art. 47, seront tenus de faire leur déclaration au bureau de la Régie, dans les trois jours de la mise à exécution de la présente loi, et, à l'avenir, avant de commencer leur débit, et de désigner les espèces et quantités de boissons qu'ils auront en leur possession dans les caves ou celliers de leur demeure, ou ailleurs, ainsi que le lieu de la vente; comme aussi d'indiquer, par une enseigne ou bouchon, leur qualité de débitant.

Art. 51.

Les cantiniers des troupes seront tenus de se conformer aux dispositions de l'article précédent, à l'exception de ceux établis dans les camps, forts et citadelles, pourvu qu'ils ne reçoivent que des militaires et qu'ils aient une commission du ministre de la guerre.

Art. 52.

Toute personne qui vend en détail des boissons, de quelque espèce que ce soit, est sujette aux visites et exercices des employés de la Régie.

Art. 53.

Les boissons déclarées par les dénommés en l'art. 50 seront comptées et prises en charge aux registres portatifs des employés. A cet effet, les futailles seront jaugées et marquées par lesdits employés, les boissons dégustées et le degré des eaux-de-vie et esprits vérifié ; il en sera de même de toutes les boissons qui arriveront chez les vendants en détail pendant le cours du débit, et qui ne pourront être introduites dans leur domicile, leurs caves ou celliers, qu'en vertu de congés, acquits-à-caution ou passavants, lesquels seront produits lors des visites et exercices, et seront relatés dans les actes de charge. Les débitants domiciliés dans les lieux sujets aux droits d'entrée seront tenus en outre de produire aux employés, lors de leurs exercices, les quittances de ces droits pour les boissons qu'ils auront reçues, ainsi que celles des droits d'octroi ou de banlieue lorsqu'ils auront dû être acquittés.

Art. 54.

Le débit de chaque pièce sera suivi séparément, et le vide marqué sur la futaille à chaque exercice des employés. Les manquants seront constatés, comme les charges, par des actes réguliers, lesquels devront être signés de deux employés et inscrits à leurs registres portatifs.

Art. 55.

Les débitants pourront avoir un registre sur papier libre, coté et paraphé par un juge de paix, et les employés seront tenus d'y consigner le résultat de leurs exercices et les payements qui auront été faits, ou de mentionner dans leurs actes, au portatif, le refus qu'aura fait le débitant de se munir dudit registre ou de le représenter.

Art. 56.

Les débitants seront tenus d'ouvrir leurs caves, celliers et autres parties de leurs maisons aux employés pour y faire leurs visites, même les jours de fêtes et dimanches, hors les heures où, à raison du service divin, lesdits lieux seront fermés en exécution des lois et ordonnances.

Art. 57

Les débitants ne pourront vendre de boissons en gros qu'en futailles contenant au moins un hectolitre, et il ne pourra en être fait décharge à leur compte qu'autant que les vaisseaux auront été démarqués par les employés. En cas d'enlèvement sans démarque, le droit de détail sera constaté sur la contenance des futailles, sans préjudice des effets de la contravention.

Le compte des débitants sera également déchargé des quantités de boissons gâtées ou perdues, lorsque la perte sera dûment justifiée.

ART. 58.

Les vendants en détail ne pourront recevoir ni avoir chez eux, à moins d'une autorisation spéciale, de boissons en vaisseaux d'une contenance moindre qu'un hectolitre; ils ne pourront établir le débit des vins et eaux-de-vie sur des vaisseaux d'une contenance supérieure à cinq hectolitres, ni mettre en vente ou avoir en perce à la fois plus de trois pièces de chaque espèce de boissons. L'usage de mettre les vins en bouteilles sera néanmoins permis, pourvu que la transvasion ait lieu en présence des employés. Les bouteilles seront cachetées du cachet de la Régie ; le débitant fournira la cire et le feu.

ART. 59.

Il est défendu aux débitants de faire aucun remplissage sur les tonneaux, soit marqués, soit démarqués, si ce n'est en présence des employés, d'enlever de leurs caves les pièces vides sans qu'elles aient été préalablement démarquées, et de substituer de l'eau, ou tout autre liquide, aux boissons qui auront été reconnues dans les futailles lors de la prise en charge.

ART. 60.

Les débitants ne pourront avoir qu'un seul râpé de raisin de trois hectolitres au plus, et pourvu qu'ils aient en cave au moins trente hectolitres de vin ; ils ne pourront verser de vin sur ce râpé hors la présence de MM. les employés.

ART. 61.

Il est fait défense aux vendants en détail de receler des boissons dans leurs maisons ou ailleurs, et à tous propriétaires ou principaux locataires de laisser entrer chez eux des boissons appartenant aux débitants, sans qu'il y ait bail par acte authentique pour les caves, celliers, magasins et autres lieux où seront placées lesdites boissons. Toute communication intérieure entre les maisons des débitants et les maisons voisines est interdite, et les employés sont autorisés à exiger qu'elle soit scellée.

Art. 62.

Lorsqu'il y aura impossibilité d'interdire les communications, le voisin du débitant pourra être soumis aux exercices des employés et au payement du droit à la vente en détail, lorsque sa consommation apparente sera évidemment supérieure à ses facultés et à la consommation réelle de sa famille, d'après les habitudes du pays.

Art. 63.

Dans le cas prévu par l'article précédent, et avant de procéder à aucune opération, les employés feront, par écrit, un rapport à leur directeur. Le directeur le transmettra au préfet, qui prononcera définitivement sur l'avis du maire, et autorisera, s'il y a lieu, l'exercice chez le voisin du débitant. Les employés ne pourront procéder à cet exercice sans exhiber l'arrêté du préfet qui l'aura autorisé.

Art. 64.

Si le résultat de cet exercice fait connaître une consommation apparente évidemment supérieure à la consommation réelle de l'individu exercé, le directeur en référera au préfet, qui, sur son rapport, et après avoir pris l'avis du sous-préfet et du maire, déterminera chaque trimestre la quantité qui sera allouée pour consommation, et celle qui sera assujettie au payement du droit.

Art. 65.

Le décompte des droits à percevoir en raison des boissons trouvées manquantes chez chaque débitant sera arrêté tous les trois mois, et les quantités de boissons restantes seront portées à compte nouveau. Le payement desdits droits sera exigé à la fin de chaque trimestre, ou à la cessation du commerce d'un débitant. Il pourra même l'être au fur et à mesure de la vente, pourvu qu'il y ait une pièce entière débitée, ou lorsque les boissons auront été mises en vente dans les foires, marchés ou assemblées.

Art. 66.

Il sera accordé aux débitants, pour tous déchets et pour consommation de famille, 3 p.0/0 sur le montant des droits de détail ou de consommation qu'ils auront à payer.

ART. 67.

Les débitants de boissons qui auront déclaré cesser leur débit seront tenus de retirer leur enseigne ou bouchon, et resteront soumis, pendant les trois mois suivants, aux visites et exercices des employés. En cas de continuation de vente, il sera dressé procès verbal de cette contravention, et, en outre, ils seront contraints, pour tout le temps écoulé depuis la déclaration de cesser, au payement des droits, proportionnellement aux sommes constatées à leur charge pendant le trimestre précédent.

ART. 68.

Les débitants qui auront refusé de souffrir les exercices des employés seront contraints, nonobstant les suites à donner aux procès-verbaux, au payement du droit de détail sur toutes les boissons restant en charge lors du dernier exercice. Ils seront tenus d'acquitter en outre le même droit, pour tout le temps que les exercices demeureront suspendus, au prorata de la somme la plus élevée qu'ils auront payée pour un trimestre pendant les deux années précédentes. A l'égard des débitants qui n'auraient pas été soumis précédemment aux exercices, ils seront obligés d'acquitter une somme égale à celle payée par le débitant le plus imposé du même canton de justice de paix.

Les procès-verbaux rapportés pour refus d'exercice seront présentés dans les vingt-quatre heures au maire de la commune, qui sera tenu de viser l'original.

ART. 69.

La vente en détail des boissons ne pourra être faite par les bouilleurs ou distillateurs pendant le temps que durera leur fabrication. Cette vente pourra toutefois être autorisée, si le lieu du débit est totalement séparé de l'atelier de distillation.

§ III.

Des abonnements pour le droit de vente en détail.

ART. 70.

Toutes les fois qu'un débitant se soumettra à payer par abonnement l'équivalent du droit de détail dont il sera estimé passible, il devra y être admis par la Régie. Lorsque la Régie ne sera pas d'accord avec ledit débitant pour l'équivalent du droit, le préfet, en conseil de préfecture, prononcera, sauf le recours en conseil d'État, en prenant en considération les consommations des années précédentes et les circonstances particulières qui peuvent influer sur le débit de l'année pour laquelle l'abonnement est requis.

Les abonnements seront faits par écrit et ne seront définitifs qu'après l'approbation de la Régie. Leur durée ne pourra excéder un an ; ils ne pourront avoir pour effet d'attribuer à l'abonné le privilége de vendre à l'exclusion de tous autres débitants qui voudraient s'établir dans la même commune.

Art. 71.

Il pourra encore être consenti par la Régie, de gré à gré avec les débitants, des abonnements à l'hectolitre pour les différentes espèces de boissons qu'ils auront déclaré vouloir vendre. Ces abonnements auront pour effet d'affranchir les débitants des obligations qui leur sont imposées relativement aux déclarations de prix de vente. Ils seront faits par écrit et approuvés par les directeurs, et ne pourront avoir plus de durée que deux trimestres.

Art. 72.

Les abonnements consentis en vertu des deux articles précédents seront révoqués de plein droit en cas de fraude ou contravention dûment constatée.

Art. 73.

La Régie devra également consentir, dans les villes, avec les conseils municipaux lorsqu'ils en feront la demande, un abonnement général, ou une taxe unique aux entrées pour le montant des droits de détail et de circulation dans l'intérieur, moyennant que la commune s'engage à verser dans les caisses de la Régie, par vingt-quatrième, de quinzaine en quinzaine, la somme convenue pour l'abonnement, sauf à elle à s'imposer sur elle-même pour le recouvrement de cette somme, comme elle est autorisée à le faire pour les dépenses communales.

ART. 74.

Ces abonnements, discutés entre les directeurs de la Régie ou leurs délégués et les conseils municipaux, n'auront d'exécution qu'après qu'ils auront été approuvés par le ministre des finances, sur l'avis du préfet et le rapport du directeur général des contributions indirectes. Ils ne seront conclus que pour une année, et seront révocables de plein droit, en cas de non payement d'un des termes à l'époque fixée.

ART. 75.

La Régie poursuivra le recouvrement des sommes dues au Trésor en raison desdits abonnements, par voie de contrainte sur le receveur municipal, par la saisie des deniers et revenus de la commune.

ART. 76.

Dans les villes où ces abonnements seront accordés, tout exercice chez les débitants sera supprimé, et la circulation des boissons dans l'intérieur affranchie de toute formalité.

ART. 77.

Sur la demande des deux tiers au moins des débitants d'une commune, approuvée en conseil municipal et notifiée par le maire, la Régie devra consentir pour une année, et sauf renouvellement, à remplacer la perception du droit de détail par exercice, au moyen d'une répartition sur la totalité des redevables de l'équivalent dudit droit.

ART. 78.

Ce mode de remplacement ne pourra être admis qu'autant qu'il offrira un produit égal à celui d'une année moyenne, calculée d'après trois années consécutives d'exercice. Il sera discuté entre les débitants ou leurs délégués et l'employé supérieur de la Régie, en présence du maire ou d'un membre du conseil municipal, et pourra être exécuté provisoirement en vertu de l'autorisation du préfet, donnée sur la proposition du directeur de la Régie ; il devra néanmoins être approuvé par le ministre des finances sur le rapport du directeur général des contributions indirectes.

Lorsque la Régie ne sera pas d'accord avec lesdits débitants pour fixer l'équivalent du droit, le préfet, en conseil de préfecture, prononcera, sauf le recours au conseil d'État, en prenant en considération les consommations des années précédentes et les circonstances particulières qui peuvent influer sur le débit de l'année pour laquelle l'abonnement est requis.

ART. 79.

Lorsque ce remplacement sera adopté, les syndics nommés par les débitants, sous la présidence du maire ou de son délégué, procéderont, en présence de ce magistrat, à la répartition de la somme à imposer entre tous les débitants alors existants dans la commune. Les rôles arrêtés par les syndics et rendus exécutoires par le maire, seront remis au receveur de la Régie pour en poursuivre le recouvrement.

ART. 80.

Les débitants ainsi abonnés seront solidaires pour le payement des sommes portées aux rôles. En conséquence, aucun nouveau débitant ne pourra s'établir dans la commune pendant la durée de l'abonnement, s'il ne remplace un autre débitant compris dans la répartition.

ART. 81.

Les sommes portées aux rôles seront exigibles par douzième de mois en mois, d'avance et par voie de contrainte. A défaut de payement d'un terme échu, les redevables dûment mis en demeure, le directeur de la Régie sera autorisé à faire prononcer par le préfet la révocation de l'abonnement, et à faire rétablir immédiatement la perception par exercices, sans préjudice des poursuites à exercer pour raison des sommes exigibles.

ART. 82.

Les employés de la Régie constateront par procès-verbal, à la requête des débitants ou de leurs syndics, toute vente en détail de boissons opérée dans la répartition. Les poursuites seront exercées par les syndics, et les condamnations prononcées au profit de la masse des débitants.

ART. 83.

Les débitants ainsi abonnés, ou leurs syndics, pourront concéder à des personnes non comprises aux rôles de répartition le droit de vendre en détail des boissons lors des foires et assemblées.

Art. 84.

Les sommes à recouvrer en exécution des deux articles précédents seront perçues par le receveur de la Régie et imputées à tous les débitants de la commune, au marc le franc de leur cote.

§ IV. — *Articles 85 et 86 abrogés.*

§ V.

Du droit général de consommation sur l'eau-de-vie.

Art. 87.

Un droit général de consommation égal à celui fixé pour la vente en détail par l'art. 47, sera perçu sur toute quantité d'eau-de-vie, d'esprit, ou de liqueur composée d'eau-de-vie ou d'esprit, qui sera adressée à une personne autre que celles assujetties aux exercices des employés de la Régie.

Ce droit ne sera pas dû sur les eaux-de-vie, esprits et liqueurs qui seront exportés à l'étranger.

Art. 88.

Le droit général de consommaton sera perçu d'après le prix courant de la vente en détail au lieu de destination ; il sera payé à l'arrivée des boissons, et avant la décharge de l'acquit à caution ; il pourra néanmoins être acquitté au lieu de l'enlèvement par les expéditeurs, lesquels, dans ce cas, seront tenus seulement, pour opérer le transport, de se munir d'un congé au lieu d'un acquit à caution.

Art. 89.

Tout marchand en gros d'eau-de-vie, esprit et liqueur, acquittera le droit de consommation sur les quantités de ces boissons qui manqueront, à ses charges, après la déduction fixée par l'art. 103. La même obligation est imposée à tout débitant qui cessera son commerce, pour les quantités d'eaux-de-vie, esprits et liqueurs, qu'il conservera.

ART. 90.

Le droit de consommation ne sera point exigé des personnes non soumises aux exercices, en cas de transport d'eaux-de-vie, d'esprits, ou de liqueurs de l'une de leurs maisons dans une autre, ou dans un nouveau domicile, en justifiant toutefois aux employés appelés à décharger les acquits à caution de leurs droits à cette exemption.

Les bouilleurs de crû qui feront transporter les produits de leur distillation dans des caves ou magasins séparés de la brûlerie, n'auront droit à la même exemption qu'en soumettant ces caves ou magasins aux exercices des préposés de la Régie.

ART. 91.

Les eaux-de-vie versées sur les vins seront également affranchies du droit de consommation, pourvu que la quantité employée n'excède pas un vingtième de la quantité du vin soumise à cette opération, qui ne pourra se faire qu'en présence des employés de la Régie.

§ VI.

Remplacement du droit de détail à Paris.

ART. 92.

Il n'y aura pas dans l'intérieur de la ville de Paris d'exercice sur les boissons autres que les bières. Le droit de détail et celui d'entrée y seront remplacés au moyen d'une taxe unique aux entrées, fixée ainsi qu'il suit :

Par hectolitre de vin en cercles	10 f.	50 c.
Par hectolitre de vin en bouteilles	15	00
Par hectolitre de cidre et poiré	5	00
Par hectolitre d'eau-de vie simple au-dessous de 22 degrés	18	00
Par hectolitre d'eau-de-vie de 22 degrés jusqu'à 28 exclusivement	36	00
Par hectolitre d'esprit à 28 degrés et au-dessus, d'eau-de vie de toute espèce en bouteilles, et de liqueurs composées d'eau-de-vie ou d'esprit, tant en cercles qu'en bouteilles	60	00

ART. 93.

Les dispositions du chapitre II et les peines prononcées en cas de contravention, sont applicables à la taxe établie par l'article précédent.

§ VII.

Dispositions générales applicables au présent chapitre.

ART. 94.

Les boissons trouvées en la possession de personnes vendant en détail sans déclaration, ainsi que celles à l'égard desquelles des contraventions seront constatées chez les débitants, seront saisies par les employés de la Régie.

ART. 95.

Les personnes convaincues de faire le commerce de boissons en détail sans déclaration préalable ou après déclaration de cesser, seront punies d'une amende de 300 francs à 1,000 francs, et de la confiscation des boissons saisies. Les contrevenants pourront néanmoins obtenir la restitution desdites boissons, en payant une somme de 1,000 francs, indépendamment de l'amende prononcée par le tribunal.

ART. 96.

Les autres contraventions aux dispositions du présent chapitre seront punies de la confiscation des objets saisis, et d'une amende qui, pour la première fois, ne pourra être moindre de 50 fr., ni supérieure à 300 fr., et qui sera toujours de 500 fr. en cas de récidive.

TABLEAU N° 1er.

DÉDUCTION ALLOUÉE AUX MARCHANDS EN GROS

SUR LES QUANTITÉS DE BOISSONS QUI SÉJOURNENT DANS LEURS MAGASINS.

	VINS			ALCOOL		CIDRES, POIRÉS et HYDROMELS.
	1re CLASSE.	2e CLASSE.	3e CLASSE.	1re CLASSE.	2e CLASSE.	CLASSE UNIQUE.
Déduction allouée.	8 p. %.	7 p. %.	6 p. %.	7 p. %.	6 p. %.	7 p. %.

On trouve la classification des départements au chapitre des débitants de boissons, tableau n° 3.

Nota. Il n'y a pas de 4e classe pour les vins ni de 3e pour l'alcool; ainsi les marchands en gros qui se trouvent placés dans un département de 4e classe, devront se reporter à la colonne de la 3e classe pour connaître le chiffre de la déduction qui leur est allouée sur les vins, et à la colonne de la 2e classe pour celle allouée sur l'alcool.

TABLEAU N° 2.

DROIT DE DÉTAIL ET DE CONSOMMATION

A payer sur les manquants en vins, cidres, poirés et hydromels reconnus passibles et constatés chez les marchands en gros.

ALCOOL.

Quantités de LITRES.	DROIT.	Quantités de LITRES.	DROIT.	Quantités de LITRES.	DROIT.	Quantités de LITRES.	DROIT.	Quantités de LITRES.	DROIT.	OBSERVATIONS.
	F. C.		F. C.		F. C.		F. C.		F. C.	
1	» 38	26	9 73	51	19 08	76	28 43	105	39 27	Le droit de détail dû sur les quantités de vin, cidre, poiré et hydromel, reconnues manquantes aux charges des marchands en gros, n'a rien de fixe; il varie au contraire chaque année selon le prix moyen de ses boissons vendues en détail pendant l'année précédente qui sert de base à la confection d'un état indicatif de ce droit et qui est adressé à tous les receveurs buralistes d'un même département, dans les premiers jours de janvier de chaque année. C'est donc près de ceux-ci que l'on doit puiser ce renseignement, et une fois le prix d'un litre connu, il suffira pour établir le droit sur une quantité manquante, de la multiplier par ce prix en augmentant d'un 10e le produit de cette opération.
2	» 75	27	10 10	52	19 45	77	28 80	110	41 14	
3	1 13	28	10 48	53	19 83	78	29 18	115	42 81	
4	1 30	29	10 85	54	20 20	79	29 55	120	44 88	
5	1 87	30	11 22	55	20 57	80	29 92	125	46 75	
6	2 25	31	11 60	56	20 95	81	30 30	130	48 62	
7	2 62	32	11 97	57	21 32	82	30 67	135	50 49	
8	3 »	33	12 35	58	21 70	83	31 05	140	52 36	
9	3 37	34	12 72	59	22 07	84	31 42	145	54 23	
10	3 74	35	13 09	60	22 44	85	31 79	150	56 10	
11	4 12	36	13 47	61	22 82	86	32 17	160	59 44	
12	4 49	37	13 84	62	23 19	87	32 54	170	63 58	
13	4 87	38	14 22	63	23 57	88	32 92	180	67 32	
14	5 24	39	14 59	64	23 94	89	33 29	190	71 06	
15	5 61	40	14 96	65	24 31	90	33 66	200	74 80	
16	5 99	41	15 34	66	24 69	91	34 04	250	93 50	
17	6 36	42	15 71	67	25 06	92	34 41	300	112 20	
18	6 74	43	16 09	68	25 44	93	34 79	350	130 90	
19	7 11	44	16 46	69	25 81	94	35 16	400	149 60	
20	7 48	45	16 00	70	26 18	95	35 53	500	187 »	
21	7 86	46	17 21	71	26 56	96	35 91	600	224 40	
22	8 23	47	17 58	72	26 93	97	36 28	700	261 80	
23	8 61	48	17 96	73	27 31	98	36 66	800	299 20	
24	8 98	49	18 33	74	27 68	99	37 03	900	336 60	
25	9 35	50	18 70	75	28 05	100	37 40	1000	374 »	

TABLEAU N° 3.

Ce Tableau présente les quantités d'eau à ajouter aux Esprits ou Eau-de-vie que l'on veut ramener à des degrés inférieurs. — En remarquant que l'on a pris pour base une quantité de 100 litres, il sera facile d'opérer sur telles quantités que l'on voudra.

EXEMPLE :

Pour réduire 25 litres d'esprit à 33 degrés de Cartier ou 84 degrés 3/10 centésimaux à 19 de Cartier ou 49 2/10 centésimaux, il faut consulter le point d'intersection (*) qui indique que pour 100 litres il faudrait ajouter 72 litres 4 décilitres d'eau ; or, comme il ne s'agit que de 25 litres, on doit donc prendre seulement le quart de cette quantité, qui est de 18 litres 1 décilitre d'eau qui doivent être employés dans cette mixtion.

NOTA. On obtient des résultats avantageux en se servant pour ces opérations, d'eau de pluie ou de rivière ; lorsque l'on ne peut se procurer de l'une ni de l'autre de ces espèces d'eau, celle de puits bouillie offre à peu près les mêmes avantages.

37° degrés de Cartier ou 91°1 centésimaux.

1.6	**36° ou 89°6**																					
3.5	1.8	**35° ou 88°0**																				
5.6	3.9	2.1	**34° ou 86°0**																			
8.0	6.2	4.3	2.2	**33° ou 84°3**																		
10.5	8.7	6.8	4.5	2.6	**32° ou 82°4**																	
13.1	11.3	9.3	7.0	5.4	2.8	**31° ou 80°5**																
16.2	14.2	12.2	9.9	8.4	5.8	2.8	**30° ou 78°4**															
19.3	17.4	15.3	12.9	11.4	9.0	6.0	3.0	**29° ou 76°3**														
23.1	21.0	18.9	16.4	15.2	12.4	9.4	6.2	3.2	**28° ou 74°0**													
27.0	24.9	22.7	20.2	19.0	16.0	12.8	9.8	6.4	5.2	**27° ou 71°8**												
31.2	29.1	26.8	24.2	23.2	20.0	16.8	13.6	10.2	7.0	3.6	**26° ou 69°4**											
36.1	33.9	31.5	28.8	27.8	24.6	21.4	18.0	14.4	11.0	7.4	8.8	**25° ou 66°9**										
41.9	39.5	37.0	34.3	33.0	29.6	26.2	22.6	19.0	15.4	11.8	8.0	4.0	**24° ou 64°2**									
48.1	45.6	43.0	40.1	38.6	35.2	31.6	27.8	24.2	20.4	16.8	12.6	8.4	4.2	**23° ou 61°5**								
55.1	52.6	49.9	46.8	45.2	41.6	37.8	34.0	30.0	26.0	22.0	17.8	13.6	9.2	4.8	**22° ou 58°7**							
63.5	61.7	57.9	54.7	52.6	48.8	44.8	40.8	36.6	32.6	28.4	24.0	19.4	14.8	10.2	5.2	**21° ou 55°7**						
73.4	70.6	67.6	64.2	61.2	57.0	52.8	48.6	42.2	39.8	35.4	30.8	26.0	21.2	16.2	11.0	5.6	**20° ou 52°5**					
85.1	82.1	78.8	79.3	*72.4	68.0	63.6	59.0	54.2	49.6	44.8	40.0	34.8	29.6	24.4	18.6	12.8	7.0	**19° ou 49°2**				
100.2	96.9	93.4	89.4	87.4	82.6	77.8	72.8	67.8	62.6	57.4	52.0	46.6	40.8	35.2	29.0	22.6	16.2	8.6	**18° ou 45°5**			
119.5	115.9	112.0	107.7	106.0	101.0	95.0	90.0	84.4	78.8	73.2	67.2	61.2	55.0	48.6	42.0	35.0	28.0	19.6	10.0	**17° ou 41°5**		
146.2	142.1	137.8	132.9	129.6	123.8	117.8	111.6	105.4	99.2	93.0	86.4	79.4	72.6	65.6	58.0	50.4	42.4	33.2	22.4	11.4	**16° ou 37°0**	
187.3	182.6	177.6	171.9	160.4	153.8	147.0	140.2	133.2	126.0	118.8	111.4	03.4	95.8	87.8	79.4	70.0	61.0	51.0	26.4	16.4	13.4	**15° ou 31°7**

TABLEAU N° 4.

TABLEAU DE CORRECTION A FAIRE SUBIR AU DEGRÉ APPARENT INDIQUÉ PAR L'ALCOOMÈTRE

Pour obtenir le degré réel des liquides spiritueux à la température de 15 degrés centigrades

DIFFÉRENCE EN MOINS

A AJOUTER AUX DEGRÉS INDIQUÉS PAR L'ALCOOMÈTRE POUR OBTENIR LES DEGRÉS RÉELS.

Degrés centigrades indiqués par l'alcoomètre	0	1	2	3	4	5	6	7	8	9	10	11	12	13	14	15
31 à 34	7	6	6	5	5	4	4	3	3	2	2	2	1	1	0	0
35	6	6	6	5	5	4	4	3	3	2	2	2	1	1	0	0
36 à 39	6	6	6	5	5	4	4	3	3	2	2	2	1	1	0	0
40 à 44	6	6	5	5	5	4	4	3	3	2	2	2	1	1	0	0
45 à 46	6	6	5	5	5	4	4	3	3	2	2	2	1	1	0	0
47 à 53	6	6	5	5	4	4	4	3	3	2	2	2	1	1	0	0
54 à 56	6	6	5	5	4	4	3	3	3	2	2	2	1	1	0	0
57 à 69	6	5	5	5	4	4	3	3	3	2	2	2	1	1	0	0
70 à 71	6	5	5	4	4	4	3	3	3	2	2	2	1	1	0	0
72 à 78	6	5	5	4	4	4	3	3	3	2	2	1	1	1	0	0
79 à 83	5	5	5	4	4	4	3	3	3	2	2	1	1	1	0	0
84	5	5	5	4	4	4	3	3	2	2	2	1	1	1	0	0
85	5	5	5	4	4	3	3	3	2	2	2	1	1	1	0	0
86 à 90	5	5	4	4	4	3	3	3	2	2	2	1	1	1	0	0

DEGRÉS DU THERMOMÈTRE CENTIGRADE.

DIFFÉRENCE EN PLUS

A DÉDUIRE DES DEGRÉS INDIQUÉS PAR L'ALCOOMÈTRE POUR OBTENIR LES DEGRÉS RÉELS.

Degrés centigrades indiqués par l'alcoomètre	16	17	18	19	20	21	22	23	24	25	26	27	28	29	30
31 à 32	0	1	1	2	2	3	3	3	4	4	5	5	5	6	6
33 à 34	1	1	1	2	2	3	3	3	4	4	5	5	6	6	6
35 à 36	1	1	1	2	2	3	3	3	4	4	5	5	6	6	6
37 à 40	1	1	1	2	2	3	3	3	4	4	5	5	6	6	6
41 à 43	0	1	1	2	2	3	3	3	4	4	5	5	6	6	6
44 à 46	0	1	1	2	2	3	3	3	4	4	5	5	5	6	6
47 à 59	0	1	1	2	2	2	3	3	4	4	5	5	5	6	6
60 à 70	0	1	1	2	2	2	3	3	4	4	4	5	5	6	6
71 à 72	0	1	1	2	2	2	3	3	4	4	4	5	5	5	6
73 à 82	0	1	1	2	2	2	3	3	3	4	4	5	5	5	6
83 à 85	0	1	1	1	2	2	3	3	3	4	4	5	5	5	6
86 à 87	0	1	1	1	2	2	3	3	3	4	4	4	5	5	6
88 à 89	0	1	1	1	2	2	3	3	3	4	4	4	5	5	6
90	0	1	1	1	2	2	3	3	3	4	4	4	5	5	6

DEGRÉS DU THERMOMÈTRE CENTIGRADE.

5e TABLEAU.

CONVERSION, EN ALCOOL PUR, DES EAUX-DE-VIE ET ESPRITS

DONT LE COMMERCE FAIT USAGE.

Nombre de litres d'eau-de-vie.	NOMBRE DE LITRES D'ALCOOL Contenus dans chaque quantité d'eau-de-vie ou d'esprit d'après son degré centésimal indiqué ci-dessous.														
	à 40 degr.	à 41 degr.	à 42 degr.	à 43 degr.	à 44 degr.	à 45 degr.	à 46 degr.	à 47 degr.	à 48 degr.	à 49 degr.	à 50 degr.	à 51 degr.	à 52 degr.	à 53 degr	à 54 degr
	H. L.	H. L.	H. L.	H. L.	H. L.	H. L.	H. L.	H. L.	H. L.	H. L.	H. L.	H. L.	H. L.	H. L.	H. L.
1	» »	» »	» »	» »	» »	» »	» »	» »	» »	» »	» 01	» 01	» 01	» 01	» 01
2	» 01	» 01	» 01	» 01	» 01	» 01	» 01	» 01	» 01	» 01	» 01	» 01	» 01	» 01	» 01
3	» 01	» 01	» 01	» 01	» 01	» 01	» 01	» 01	» 01	» 01	» 02	» 02	» 02	02	» 02
4	» 02	» 02	» 02	» 02	» 02	» 02	» 02	» 02	» 02	» 02	» 02	» 02	» 02	» 02	» 02
5	» 02	» 02	» 02	» 02	» 02	» 02	» 02	» 02	» 02	» 02	» 03	» 03	» 03	» 03	» 03
6	» 02	» 02	» 03	» 03	» 03	» 03	» 03	» 03	» 03	» 03	» 03	» 03	» 03	» 03	» 03
7	» 03	» 03	» 03	» 03	» 03	» 03	» 03	» 03	» 03	» 03	» 04	» 04	» 04	» 04	» 04
8	» 03	» 03	» 03	» 03	» 04	» 04	» 04	» 04	» 04	» 04	» 04	» 04	» 04	» 04	» 04
9	» 04	» 04	» 04	» 04	» 04	» 04	» 04	» 04	» 04	» 04	» 05	» 05	» 05	» 05	» 05
10	» 04	» 04	» 04	» 04	» 04	» 05	» 05	» 05	» 05	» 05	» 05	» 05	» 05	» 05	» 05
15	» 06	» 06	» 06	» 06	» 07	» 07	» 07	» 07	» 07	» 07	» 08	» 08	» 08	» 08	» 08
20	» 08	» 08	» 08	» 09	» 09	» 09	» 09	» 09	» 10	» 10	» 10	» 10	» 10	» 11	» 11
25	» 10	» 10	» 11	» 11	» 11	» 11	» 11	» 12	» 12	» 13	» 13	» 13	» 13	» 13	» 13
30	» 12	» 12	» 13	» 13	» 13	» 14	» 14	» 14	» 14	» 15	» 15	» 15	» 15	» 16	» 16
35	» 14	» 14	» 15	» 15	» 15	» 16	» 16	» 16	» 17	» 17	» 18	» 18	» 18	» 19	» 19
40	» 16	» 16	» 17	» 17	» 18	» 18	» 18	» 19	» 19	» 20	» 20	» 20	» 21	» 21	» 22
45	» 18	» 18	» 19	» 19	» 20	» 20	» 21	» 21	» 22	» 22	» 23	» 23	» 23	» 24	» 24
50	» 20	» 21	» 21	» 22	» 22	» 23	» 23	» 24	» 24	» 25	» 25	» 26	» 26	» 27	» 27
60	» 24	» 25	» 25	» 26	» 26	» 27	» 28	» 28	» 29	» 29	» 30	» 30	» 31	» 32	» 32
70	» 28	» 29	» 29	» 30	» 31	» 32	» 32	» 33	» 34	» 34	» 35	» 36	» 36	» 37	» 38
80	» 32	» 33	» 34	» 34	» 35	» 36	» 37	» 38	» 38	» 39	» 40	» 40	» 42	» 42	» 43
90	» 36	» 37	» 38	» 39	» 40	» 41	» 41	» 42	» 42	» 44	» 45	» 46	» 47	» 48	» 49
100	» 40	» 41	» 42	» 43	» 44	» 45	» 46	» 47	» 48	» 49	» 50	» 51	» 52	» 53	54
125	» 50	» 51	» 53	» 54	» 55	» 56	» 58	» 59	» 60	» 61	» 63	» 64	» 65	» 66	» 6[illegible]
150	» 60	» 62	» 63	» 65	» 66	» 68	» 69	» 71	» 72	» 74	» 75	» 76	» 78	» 80	» 8[illegible]
175	» 70	» 72	» 74	» 76	» 77	» 79	» 81	» 82	» 84	» 86	» 88	» 89	» 91	» 93	» [illegible]
200	» 80	» 82	» 84	» 86	» 88	» 90	» 92	» 94	» 96	» 98	1 »	1 02	1 04	1 06	1 [illegible]
250	1 »	1 03	1 05	1 08	1 10	1 13	1 15	1 18	1 20	1 23	1 25	1 28	1 30	1 33	1 [illegible]
300	1 20	1 23	1 26	1 29	1 32	1 35	1 38	1 41	1 44	1 47	1 50	1 53	1 56	1 59	1 6[illegible]
350	1 40	1 44	1 47	1 51	1 54	1 58	1 61	1 65	1 68	1 70	1 75	1 79	1 82	1 86	1 [illegible]
400	1 60	1 60	1 68	1 72	1 76	1 80	1 84	1 88	1 92	1 96	2 »	2 04	2 08	2 12	2 16
450	1 80	1 85	1 89	1 94	1 98	2 03	2 07	2 12	2 16	2 23	2 25	2 30	2 34	2 39	2 43
500	2 »	2 05	2 11	2 15	2 20	2 25	2 30	2 35	2 40	2 45	2 50	2 55	2 60	2 65	2 70
600	2 40	2 46	2 52	2 58	2 64	2 70	2 76	2 82	2 88	2 94	3 »	3 06	3 12	3 18	3 24
700	2 80	2 87	2 94	3 01	3 08	3 15	3 22	3 29	3 36	3 43	3 50	3 57	3 64	3 71	3 78
800	3 20	3 28	3 36	3 44	3 52	3 60	3 68	3 76	3 84	3 92	4 »	4 08	4 16	4 24	4 32
900	3 60	3 69	3 78	3 87	3 96	4 05	4 14	4 23	4 32	4 41	4 50	4 59	4 68	4 77	4 86
1000	4 »	4 10	4 20	4 30	4 40	4 50	4 60	4 70	4 80	4 90	5 »	5 10	5 20	5 30	5 40

Suite du 5e TABLEAU.

CONVERSION, EN ALCOOL PUR, DES EAUX-DE-VIE ET ESPRITS DONT LE COMMERCE FAIT USAGE.

Nombre de litres d'eau-de-vie.	NOMBRE DE LITRES D'ALCOOL Contenus dans chaque quantité d'eau-de-vie ou d'esprit d'après son degré centésimal indiqué ci-dessous														
	à 55 degr.	à 60 degr.	à 70 degr.	à 71 degr.	à 72 degr.	à 73 degr.	à 74 degr.	à 75 degr.	à 80 degr.	à 83 degr.	à 84 degr.	à 85 degr.	à 86 degr.	à 87 degr.	à 90 degr.
	H. L.	H. L.	H. L.	H. L.	H. L.	H. L.	H. L.	H. L.	H. L.	H. L.	H. L.	H. L.	H. L.	H. L.	H. L.
1	» 01	» 01	» 01	» 01	» 01	» 01	» 01	» 01	» 01	» 01	» 01	» 01	» 01	» 01	» 01
2	» 01	» 01	» 01	» 01	» 01	» 01	» 01	» 02	» 02	» 02	» 02	» 02	» 02	» 02	» 02
3	» 02	» 02	» 02	» 02	» 02	» 02	» 02	» 02	» 02	» 02	» 03	» 03	» 03	» 03	» 03
4	» 02	» 02	» 03	» 03	» 03	» 03	» 03	» 03	» 03	» 03	» 03	» 03	» 03	» 03	» 04
5	» 03	» 03	» 04	» 04	» 04	» 04	» 04	» 04	» 04	» 04	» 04	» 04	» 04	» 04	» 05
6	» 03	» 04	» 04	» 04	» 04	» 04	» 05	» 05	» 05	» 05	» 05	» 05	» 05	» 05	» 05
7	» 04	» 04	» 05	» 05	» 05	» 05	» 05	» 05	» 06	» 06	» 06	» 06	» 06	» 06	» 06
8	» 04	» 05	» 06	» 06	» 06	» 06	» 06	» 06	» 06	» 07	» 07	» 07	» 07	» 07	» 07
9	» 05	» 05	» 06	» 06	» 06	» 07	» 07	» 07	» 07	» 07	» 07	» 08	» 08	» 08	» 08
10	» 06	» 06	» 07	» 07	» 07	» 07	» 07	» 08	» 08	» 08	» 08	» 09	» 09	» 09	» 09
15	» 08	» 09	» 11	» 11	» 11	» 11	» 11	» 11	» 12	» 13	» 13	» 13	» 13	» 13	» 14
20	» 11	» 12	» 14	» 14	» 14	» 15	» 15	» 15	» 16	» 17	» 17	» 17	» 17	» 17	» 18
25	» 14	» 15	» 18	» 18	» 18	» 18	» 19	» 19	» 20	» 21	» 21	» 21	» 22	» 22	» 23
30	» 17	» 18	» 21	» 21	» 22	» 22	» 22	» 23	» 24	» 25	» 25	» 26	» 26	» 26	» 27
35	» 19	» 21	» 25	» 25	» 25	» 26	» 26	» 26	» 28	» 29	» 29	» 30	» 30	» 30	» 31
40	» 22	» 24	» 28	» 28	» 29	» 29	» 30	» 30	» 32	» 33	» 34	» 34	» 34	» 35	» 36
45	» 25	» 27	» 32	» 32	» 32	» 33	» 33	» 34	» 36	» 37	» 38	» 38	» 39	» 39	» 41
50	» 28	» 30	» 35	» 36	» 36	» 37	» 37	» 38	» 40	» 42	» 42	» 43	» 43	» 44	» 45
60	» 33	» 36	» 42	» 43	» 43	» 44	» 44	» 45	» 48	» 50	» 50	» 51	» 52	» 52	» 54
70	» 38	» 42	» 49	» 50	» 50	» 51	» 52	» 53	» 56	» 58	» 59	» 60	» 60	» 61	» 68
80	» 44	» 48	» 56	» 57	» 58	» 58	» 59	» 60	» 64	» 66	» 67	» 68	» 69	» 70	» 72
90	» 50	» 54	» 63	» 64	» 65	» 66	» 67	» 68	» 72	» 75	» 75	» 77	» 77	» 78	» 81
100	» 55	» 60	» 70	» 71	» 72	» 73	» 74	» 75	» 80	» 83	» 84	» 85	» 86	» 87	» 90
125	» 69	» 75	» 84	» 89	» 90	» 91	» 93	» 94	1 »	1 04	1 05	1 06	1 08	1 09	1 13
150	» 83	» 90	1 05	1 07	1 08	1 10	1 11	1 13	1 20	1 25	1 26	1 28	1 29	1 31	1 35
175	» 96	1 05	1 23	1 24	1 26	1 28	1 30	1 31	1 40	1 45	1 47	1 49	1 51	1 52	1 58
200	1 18	1 20	1 40	1 42	1 44	1 46	1 48	1 50	1 60	1 66	1 68	1 70	1 72	1 74	1 80
250	1 30	1 50	1 75	1 78	1 80	1 83	1 85	1 88	2 »	2 08	2 10	2 13	2 15	2 18	2 25
300	1 65	1 80	2 10	2 13	2 16	2 19	2 22	2 25	2 40	2 49	2 52	2 65	2 58	2 61	2 70
350	1 93	2 10	2 45	2 49	2 52	2 56	2 59	2 63	2 80	2 91	2 94	2 98	3 01	3 05	3 15
400	2 20	2 40	2 80	2 84	2 88	2 92	2 96	3 »	3 20	3 32	3 36	3 40	3 44	3 48	3 60
450	2 48	2 70	3 15	3 20	3 24	3 29	3 33	3 38	3 60	3 74	3 78	3 83	3 87	3 92	4 05
500	2 75	3 »	3 50	3 55	3 60	3 65	3 70	3 75	4 »	4 15	4 20	4 25	4 30	4 35	4 50
600	3 30	3 60	4 20	4 26	4 32	4 38	4 44	4 50	4 80	4 98	5 04	5 10	5 16	5 22	5 40
700	3 85	4 20	4 90	4 97	5 04	5 11	5 18	5 25	5 60	5 81	5 88	5 95	6 02	6 09	6 30
800	4 40	4 80	5 60	5 68	5 76	5 84	5 92	6 »	6 40	6 64	6 72	6 80	6 88	6 96	7 20
900	4 95	5 40	6 30	6 39	6 48	6 57	6 66	6 75	7 20	7 47	7 56	7 65	7 74	7 83	8 10
1000	5 50	6 »	7 »	7 10	7 20	7 30	7 40	7 50	8 »	8 30	8 40	8 50	8 60	8 70	9 »

NOTA.

Il sera formé et imprimé un registre à colonnes, conforme à celui de l'administration des contributions indirectes, auquel on joindra une note explicative de l'emploi de chacune de ces colonnes et du rapport qu'elles auront entre elles; plus, un compte fait où l'on pourra puiser des renseignements qui faciliteront la tenue de ce registre, et mettre ainsi les marchands en gros à même de suivre leur compte comme le font les employés des contributions indirectes.

Il sera aussi fabriqué et fourni un pèse-liqueur à deux compartiments et composé d'un alcoomètre et d'un thermomètre, au moyen desquels il sera facile, en faisant usage du tableau n° 4, de reconnaître le véritable degré des eaux-de-vie et esprits, quel que soit le degré de chaud ou de froid.

Ce registre et ces instruments, véritablement indispensables à tout marchand en gros qui apporte de l'ordre dans son commerce et qui aime à se rendre compte de la situation de ses magasins, seront fournis à MM. les souscripteurs à une époque qui leur permettra de commencer, en même temps que les employés qui les exercent, leur compte de l'année prochaine.

FIN DU MANUEL DES MARCHANDS EN GROS.

EXTRAIT

DE LA LOI SUR LES FINANCES, DU 28 AVRIL 1816.

CONTRIBUTIONS INDIRECTES.

CHAPITRE QUATRIÈME.

DES MARCHANDS EN GROS DE BOISSONS.

ART. 97.

Les négociants, les marchands en gros, courtiers, facteurs, commissionnaires de roulage, dépositaires, distillateurs, bouilleurs de profession et autres, qui voudront faire le commerce de boissons en gros (qu'ils soient ou non entrepositaires, s'ils habitent un lieu sujet aux entrées), seront tenus de déclarer les quantités, espèces et qualités de boissons qu'ils possèdent, tant dans le lieu de leur domicile qu'ailleurs.

ART. 98.

Sera considéré comme marchand en gros, tout particulier qui recevra ou expédiera, soit pour son compte, soit pour le compte d'autrui, des boissons, soit en futaille d'un hectolitre au moins, ou en plusieurs futailles qui, réunies, contiendraient plus d'un hectolitre, soit en caisses et paniers de vingt-cinq bouteilles et au-dessus.

Art. 99.

Ne seront pas considérés comme marchands en gros, les particuliers recevant accidentellement une pièce ou un panier de vin pour le partager avec d'autres personnes, pourvu que dans sa déclaration l'expéditeur ait énoncé, outre le nom et le domicile du destinataire, ceux des co-partageants et la quantité destinée à chacun d'eux.

La même exception sera applicable aux personnes qui, dans le cas de changement de domicile, vendront les boissons qu'elles auront reçues pour leur consommation.

Elle le sera également aux personnes qui vendraient immédiatement après le décès de celle à qui elles auraient succédé, les boissons dépendant de sa succession et provenant de sa récolte ou de ses provisions, pourvu qu'elle ne fût ni marchand en gros, ni débitant, ni fabricant de boissons.

Art. 100.

Les dénommés en l'article 97 pourront transvaser, mélanger et couper leurs boissons hors la présence des employés : les pièces ne seront pas marquées à l'arrivée ; seulement il sera tenu, pour les boissons en leur possession, un compte d'entrée et de sortie dont les charges seront établies d'après les congés, acquits à caution ou passavants qu'ils seront tenus de représenter, sous peine de saisie, et les décharges d'après les quittances du droit de circulation.

Art. 101.

Les employés pourront faire, à la fin de chaque trimestre, les vérifications nécessaires, à l'effet de constater les quantités de boissons restant en magasin, et le degré des eaux-de-vie et esprits.

Indépendamment de ces vérifications, ils pourront également faire, dans le cours du trimestre, toutes celles qui seront nécessaires, pour connaître si les boissons reçues ou expédiées ont été soumises au droit de circulation ou aux autres droits dont elles pourraient être passibles.

Ces vérifications n'auront lieu que dans les magasins, caves et celliers, et seulement depuis le lever jusqu'au coucher du soleil.

La loi du 23 avril 1836 ajoute : Les vérifications que les employés des contributions indirectes sont autorisés, par l'article qui précède, à faire dans les caves, celliers et magasins des marchands de boissons en gros, pour connaître si les boissons reçues ou expédiées ont été soumises aux droits, ne peuvent être empêchées par aucun obstacle du fait de ces marchands, et ceux-ci doivent toujours être en mesure, soit par eux-mêmes, soit par leurs préposés, s'ils sont absents, de déférer immédiatement aux réquisitions des employés.

Art. 102.

Les dénommés en l'article 97 pourront faire accidentellement des ventes de boissons en quantités inférieures à celles fixées par l'article 98 ; ils seront tenus de payer le droit de détail pour ces ventes, lorsque la quantité expédiée ne formera pas un hectolitre, si elle est en une ou plusieurs futailles, ou vingt-cinq litres, si elle est en bouteilles. Les vins, eaux-de-vie et liqueurs en bouteilles, expédiés en quantités de vingt-cinq litres et au-dessus, devront être contenus dans des caisses ou paniers fermés, et emballés suivant les usages du commerce.

Art. 103.

Il sera accordé aux marchands en gros, pour ouillage et affaiblissement de degrés, une déduction de 5 p. 0/0 par an sur les eaux-de-vie au-dessous de 28 degrés, et de 6 p. 0/0 sur les eaux-de-vie rectifiées et esprits de 28 degrés et au-dessus, et de 6 p. 0/0 sur les cidres ou poirés.

Le décompte de cette déduction sera fait à la fin de chaque trimestre, en raison de la durée du séjour des eaux-de-vie, cidres et poirés en magasin.

La déduction sur les vins sera de 6 p. 0/0, divisés par portions égales sur les trimestres d'octobre et de janvier pour les vins nouveaux entrés pendant ces deux trimestres, et de 1 p. 0/0 pour chacun de ceux d'avril et de juillet pour les vins existant lors de ces deux trimestres.

La Régie pourra accorder une plus forte déduction pour les vins qui éprouvent un déchet supérieur à la remise ci-dessus fixée.

Nota. La loi du 24 juin 1824 ayant apporté une modification dans les déductions allouées sur les diverses espèces de boissons qui séjournent dans les magasins de gros, le tableau n° 1er indique les déductions actuellement allouées.

Art. 104.

Les marchands en gros seront tenus de payer un droit égal à celui de détail, d'après le prix courant du lieu de leur résidence, sur les quantités de boissons qui seront reconnues manquer à leurs charges, après la déduction accordée pour coulage et ouillage.

ART. 105.

Nul ne pourra faire une déclaration de cesser le commerce en gros de boissons, tant qu'il conservera en sa possession des boissons qu'il aura reçues en raison de ce commerce, excepté, toutefois, lorsque la quantité n'excédera pas celle reconnue nécessaire pour sa propre consommation.

ART. 106.

Toute personne qui fera le commerce des boissons en gros sans déclaration préalable, ou après une déclaration de cesser, ou qui, ayant fait une déclaration de marchand en gros, exercera réellement le commerce des boissons en détail, sera punie d'une amende de 500 à 2,000 fr., sans préjudice de la saisie et de la confiscation des boissons en sa possession.

Elle pourra en obtenir la main-levée en payant une somme de 2,000 fr., indépendamment de l'amende prononcée par le tribunal.

Toute autre contravention aux dispositions du présent chapitre sera punie de la confiscation des objets saisis, et d'une amende qui ne pourra être moindre de 50 fr. ni supérieure à 300 fr. En cas de récidive, cette amende sera toujours de 500 fr.

IMPRIMERIE CENTRALE DES CHEMINS DE FER, DE NAPOLÉON CHAIX ET Cie,
Rue Bergère, 20.

www.ingramcontent.com/pod-product-compliance
Ingram Content Group UK Ltd.
Pitfield, Milton Keynes, MK11 3LW, UK
UKHW020947180726
13838UKWH00003B/1183

9 782329 386690